英語で地球をわくわく探検

みんなで取り組む3R 3

ごみを資源（しげん）にする

Recycle

Read and Learn the World in English

英語で世界を読む、学ぶ

小澤紀美子 著

スーザン・マスト 訳

Jリサーチ出版

はじめに

みなさんはご自分の住んでいる地域（市・町・村）で、各家庭や飲食店などから排出されるごみの量がどれくらいかご存じですか。一人当たり一日約900グラムです。住んでいる地域で回収の仕方が異なりごみの出る量も違いますので、調べてみてください。

よく3R（スリーアール）といわれます。このRは英語の略字です。この第3巻では、3RのうちRecycle（ごみを資源にする）のことを学びます。私たちの暮らしで用いているモノは地球上の資源を使ってつくっているので、「ごみ」にせずに資源にもどして活用していくことが大切です。そのことがごみを減らし、さらにかぎられた資源を大事にすることにもなるのです。

英語で学ぶってむずかしいと思いますか？　安心してください。この本は、楽しみながら英語を覚えていけるようにつくっています。ヒロトとサクラといっしょにごみを減らすことの大切さを学んでいきましょう。

また、この本では、たくさんのイラストを用いています。イラストを楽しんでいるうちに英語が目から耳から入ってきます。意味が分からないときは、単語リストやページ下の日本語訳も使ってください。自分が読みやすい方法で読んでいきましょう。

私たちの暮らしでは、常に「ごみ」を出しています。世界中の国の人々の暮らしからも「ごみ」が出ています。「ごみ」を通して、世界の人々の暮らしを想像し、「地球が悲鳴をあげない」ように、毎日の私たちの行動と地球との関係をより良くしていきましょう。それには、共通の言葉で共通の理解を深めることが、とても役に立ちます。だから、英語を学ぶのです。

地球の未来は、この本で学ぶ皆さんの力にかかっています。

東京学芸大学名誉教授　小澤　紀美子

Contents もくじ

この本の使い方

ここで紹介する使い方は一つの例です。
イラストから想像したり、単語や日本語の訳を確認しながら読んだり…
自分にあった読み方で学習しましょう。

登場人物

ヒロト

給食のチーズが大好きな小学生。家と学校でよく聞く「資源」について気になっています。

お父さん

パット

タイからホームステイにやってきた小学生。おみやげのカードの正体は、実は…。

先生

1 まずは、ストーリーのポイントと、キーワードをチェック

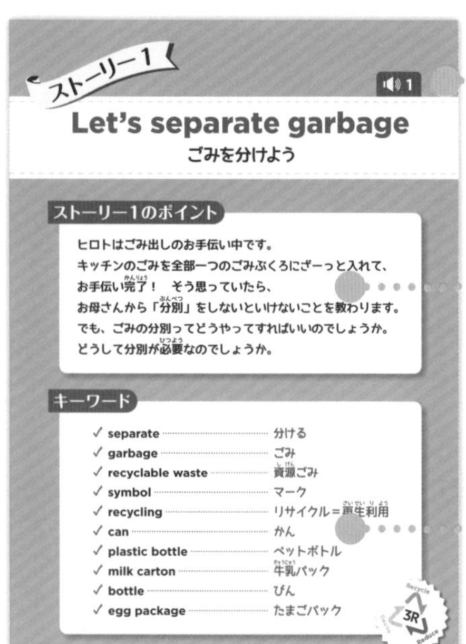
ストーリー1
1
Let's separate garbage
ごみを分けよう

ストーリー1のポイント

ヒロトはごみ出しのお手伝い中です。
キッチンのごみを全部一つのごみぶくろにざーっと入れて、
お手伝い完了！ そう思っていたら、
お母さんから「分別」をしないといけないことを教わります。
でも、ごみの分別ってどうやってすればいいのでしょうか。
どうして分別が必要なのでしょうか。

キーワード

- ✓ separate …… 分ける
- ✓ garbage …… ごみ
- ✓ recyclable waste …… 資源ごみ
- ✓ symbol …… マーク
- ✓ recycling …… リサイクル＝再生利用
- ✓ can …… かん
- ✓ plastic bottle …… ペットボトル
- ✓ milk carton …… 牛乳パック
- ✓ bottle …… びん
- ✓ egg package …… たまごパック

音声のトラック番号

ストーリーのポイント
▶お話の流れがまとめられています。

キーワード
▶ストーリーに出てくる大事な単語をチェック。

2 マンガを読んでヒロトたちが出合うごみの問題を知ろう

マンガの日本語訳は、巻末をチェックしてください。

新しい単語の意味がまとまっています。
※本文で過去形が使われている場合、「現在形(過去形)」で示されています。

3 ストーリーを読み進めよう

日本語がのっています。
※日本語訳の完全版は巻末にあります。

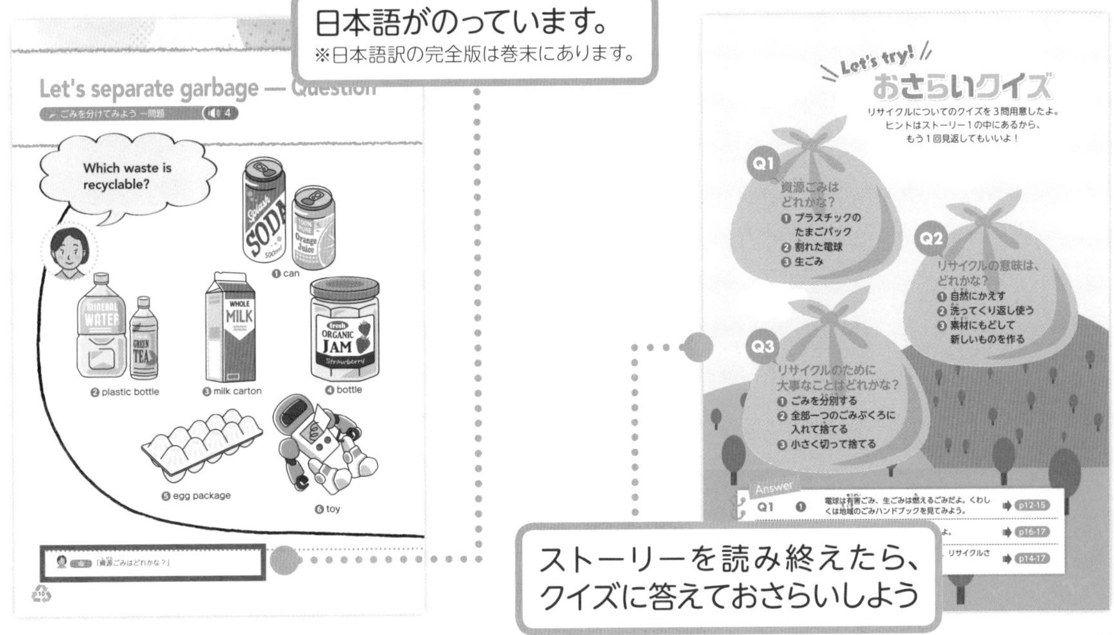

ストーリーを読み終えたら、
クイズに答えておさらいしよう

音声ダウンロードの方法

STEP 1

インターネットで「https://audiobook.jp/exchange/jresearch」にアクセス!

※上記の URL を入力いただくか、本ページ記載の QR コードを読み込んでください。

STEP 2

表示されたページから、audiobook.jp への会員登録ページへ!

※音声のダウンロードには、オーディオブック配信サービス audiobook.jp への会員登録（無料）が必要です。すでに会員の方は STEP3 へお進みください。

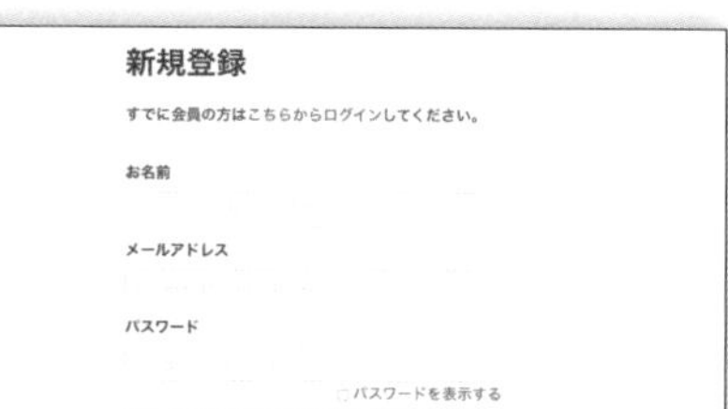

STEP 3

登録後、再度 STEP1 のページにアクセスし、シリアルコードの入力欄に「24857」を入力後、「送信」をクリック!

※作品がライブラリに追加されたと案内が出ます。

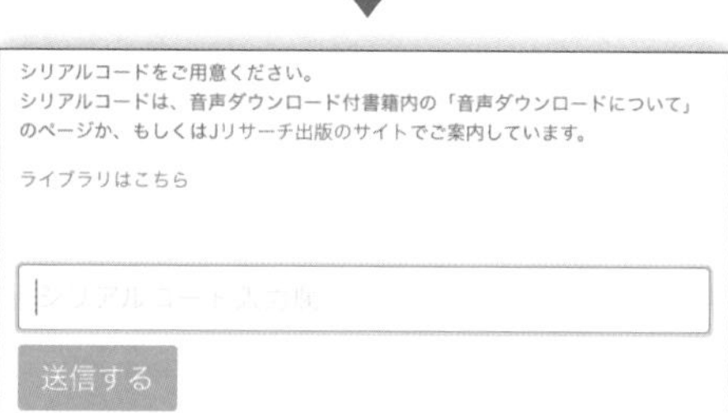

STEP 4

必要な音声ファイルをダウンロード!

※スマートフォンやタブレットの場合は、アプリ「audiobook.jp」の案内が出ますので、アプリからご利用ください。

※ PCの場合は「ライブラリ」から音声ファイルをダウンロードしてご利用ください。

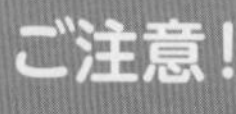

- PC からでも、iPhone や Android のスマートフォンやタブレットからでも音声を再生いただけます。
- 音声は何度でもダウンロード・再生いただくことができます。
- ダウンロード・アプリのご利用についてのお問い合わせ先 **info@febe.jp**（受付時間：平日 10 ～ 20 時）

1

Let's separate garbage

ごみを分けよう

ストーリー1のポイント

ヒロトはごみ出しのお手伝い中です。
キッチンのごみを全部一つのごみぶくろにざーっと入れて、
お手伝い完了（かんりょう）！　そう思っていたら、
お母さんから「分別（ぶんべつ）」をしないといけないことを教わります。
でも、ごみの分別ってどうやってすればいいのでしょうか。
どうして分別が必要（ひつよう）なのでしょうか。

キーワード

- ✓ separate …… 分ける
- ✓ garbage …… ごみ
- ✓ recyclable waste …… 資源（しげん）ごみ
- ✓ symbol …… マーク
- ✓ recycling …… リサイクル＝再生利用（さいせいりよう）
- ✓ can …… かん
- ✓ plastic bottle …… ペットボトル
- ✓ milk carton …… 牛乳（ぎゅうにゅう）パック
- ✓ bottle …… びん
- ✓ egg package …… たまごパック

We must separate the garbage

ごみは分けなければならない 2

Hiroto brings some garbage and puts it into a garbage bag.

Hiroto, set the milk carton aside.
How come?
Hiroto is making a mistake. His mother tells him.

New Words

- must …… ～しなければならない 3
- separate ………… 分ける
- garbage ………… ごみ
- bring ……………… 持ってくる
- some …………… いくつかの
- put into ………… ～に入れる
- garbage bag …… ごみぶくろ
- mother …………… お母さん
- make a mistake… まちがえる
- tell ……………… 教える
- set aside ………… 別(べつ)にする
- milk carton ……… 牛乳(ぎゅうにゅう)パック
- How come?……… なんで？
- explain …………… 説明(せつめい)する
- see ……………… 見る
- symbol …………… マーク
- recyclable waste… 資源(しげん)ごみ
- use ……………… 使う
- again ……………… また
- check…………… 調べる
- carefully ………… 気をつけて

Let's separate garbage — Question

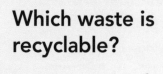

ごみを分けてみよう 一問題　4

Which waste is recyclable?

❶ can

❷ plastic bottle

❸ milk carton

❹ bottle

❺ egg package

❻ toy

「資源ごみはどれかな？」

The symbol is a hint. Which ones have it?

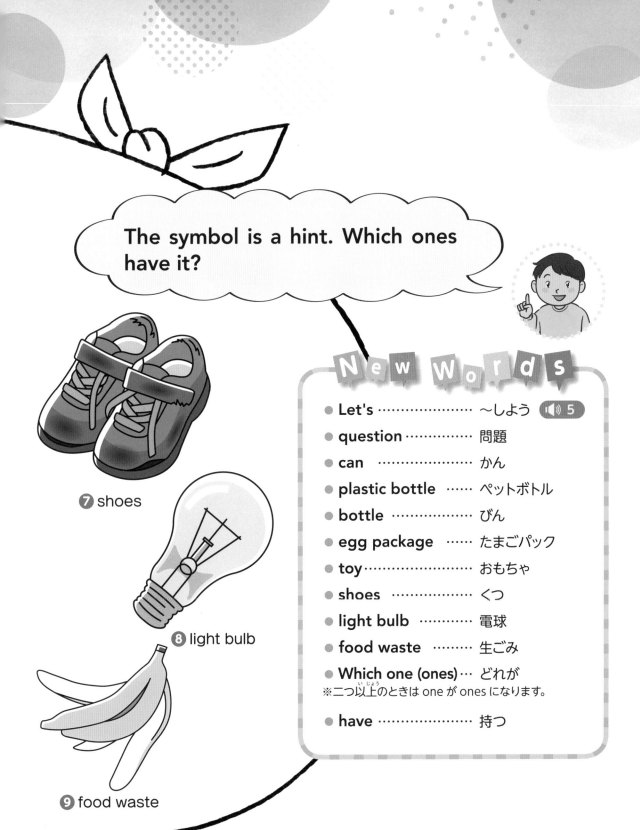

7 shoes

8 light bulb

9 food waste

New Words

- Let's ………………… ～しよう 5
- question …………… 問題
- can ………………… かん
- plastic bottle …… ペットボトル
- bottle ……………… びん
- egg package …… たまごパック
- toy ………………… おもちゃ
- shoes ……………… くつ
- light bulb ………… 電球
- food waste ……… 生ごみ
- Which one (ones)… どれが

※二つ以上のときは one が ones になります。

- have ………………… 持つ

「マークがヒントだよね。どれにあるかな？」

Let's separat garbage — Answer

ごみを分けてみよう ーこたえ 6

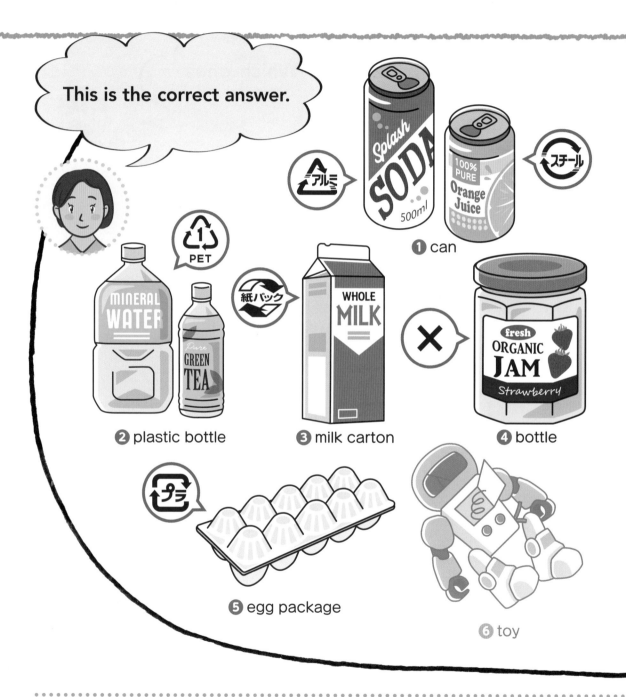

This is the correct answer.

アルミ

スチール

Splash SODA 500ml

100% PURE Orange Juice

❶ can

PET

MINERAL WATER

Pure GREEN TEA

❷ plastic bottle

紙パック

WHOLE MILK

❸ milk carton

×

fresh ORGANIC JAM Strawberry

❹ bottle

プラ

❺ egg package

❻ toy

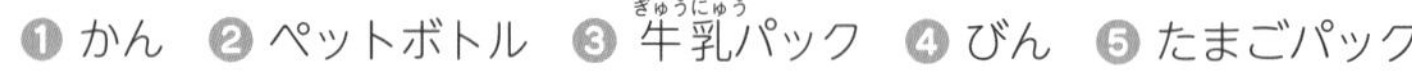

There are many different symbols. But the bottle doesn't have a symbol.

These symbols mean the products are made from recyclable materials. But some kinds of recyclable waste have no symbol.

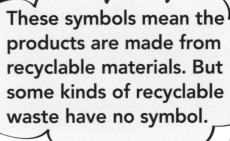

❼ shoes

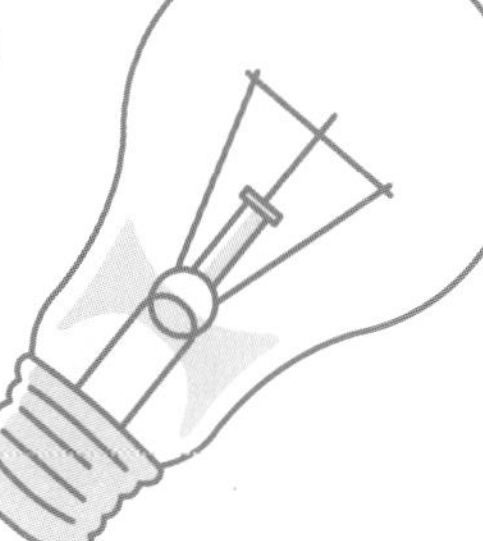

❽ light bulb

❾ food waste

- **correct answer** … 正解（せいかい）
- **There are** ………… ～がある
  ※ものが一つのときは are が is にかわります。
- **many** ……………… たくさんの
- **different** ………… いろいろな
- **mean** ……………… ～を意味する
- **product** …………… 製品（せいひん）
- **be made from** …… ～から作られた
- **material** …………… 素材（そざい）
- **some kinds of** …… いくつかの種類（しゅるい）の～

ヒロト「いろいろなマークがあるんだね。でも、びんにはマークがないよ。」

母「これらのマークは、その製品（せいひん）が再生利用（さいせいりよう）できる素材（そざい）から作られていることを意味しているよ。でも、いくつかの種類（しゅるい）の資源ごみにはマークはついていないんだ。」

How to separate garbage

ごみの分け方 8

We must separate these from the other garbage. Let's separate the garbage!

Recyclable waste

❶ can

❷ plastic bottle

❸ milk carton

❹ bottle

❺ egg package

母「これらはほかのごみと別にしないといけないんだよ。ごみを分けてみよう！」

資源ごみ ❶ かん ❷ ペットボトル ❸ 牛乳パック ❹ びん ❺ たまごパック

Burnable garbage

⑦ shoes

⑨ food waste

Nonburnable garbage

⑥ toy

Hazardous waste

⑧ light bulb

What is recyclable waste?

New Words

9

- **other** ……………… ほかの
- **burnable garbage**… 燃(も)えるごみ
- **nonburnable garbage**… 燃えないごみ
- **hazardous waste**… 有害(ゆうがい)ごみ

燃(も)えるごみ ⑦ くつ ⑨ 生ごみ 燃えないごみ ⑥ おもちゃ 有害(ゆうがい)ごみ ⑧ 電球

ヒロト「資源ごみってなに？」

What is recyclable waste?

資源ごみってなに？ 10

Recyclable waste can be turned back into materials and used again. That is recycling.

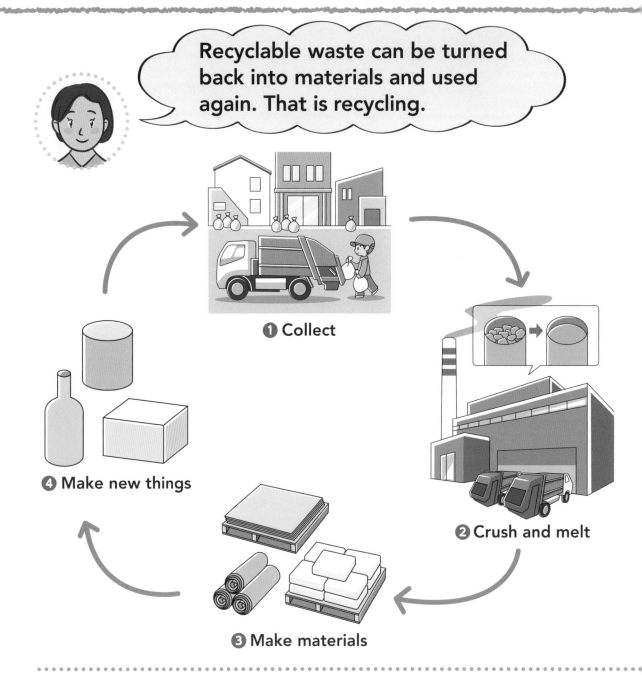

❶ Collect

❷ Crush and melt

❸ Make materials

❹ Make new things

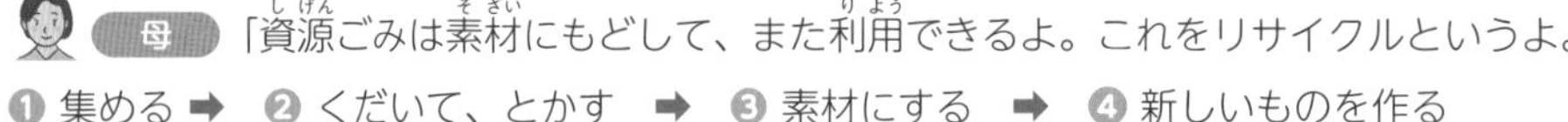

母「資源ごみは素材にもどして、また利用できるよ。これをリサイクルというよ。」

❶ 集める ➡ ❷ くだいて、とかす ➡ ❸ 素材にする ➡ ❹ 新しいものを作る

Recycling process

1. Collect recyclable garbage from homes and companies
2. Crush and melt the garbage
3. Make materials
4. Use it to make new things

I will sort garbage carefully for recycling.

New Words

11

- collect ……………… 集める
- crush ……………… くだく
- melt ……………… とかす
- make ……………… 作る
- material ……………… 素材
- process ……………… 方法
- new ……………… 新しい
- thing ……………… もの
- turn back into …… ～にもどる
- recycling ……………… リサイクル＝再生利用
- sort ……………… 分別する

リサイクルの方法 ➤ ❶ 家庭や会社から資源ごみを集める ➡ ❷ ごみをくだいて、とかす ➡ ❸ 素材にする ➡ ❹ 新しいものを作るために使う

 ヒロト

「リサイクルのためにごみを気をつけて分別するよ。」

Let's try!

おさらいクイズ

リサイクルについてのクイズを３問用意したよ。
ヒントはストーリー１の中にあるから、
もう１回見返してもいいよ！

Q1

資源ごみは
どれかな？

1. プラスチックのたまごパック
2. 割れた電球
3. 生ごみ

Q2

リサイクルの意味は、
どれかな？

1. 自然にかえす
2. 洗ってくり返し使う
3. 素材にもどして新しいものを作る

Q3

リサイクルのために
大事なことはどれかな？

1. ごみを分別する
2. 全部一つのごみぶくろに入れて捨てる
3. 小さく切って捨てる

Answer

Q1	1	電球は有害ごみ、生ごみは燃えるごみだよ。くわしくは地域のごみハンドブックを見てみよう。	p12-15
Q2	3	くり返し使うことをリユースと言うよ。	p16-17
Q3	1	分別して資源ごみとして出さないと、リサイクルされないんだ。	 p14-17

12

What is a resource?

資源ってなに？

ストーリー2のポイント

午後の授業です。先生の質問に正解したヒロト。
でも次の問題「紙は何から作られていますか」は
分かりません。どうやらこの問題は、
リサイクルをする理由につながっているようです。
一体、身の回りのものは何からできているのでしょうか。
どうしてリサイクルが必要なのでしょうか。

キーワード

- ✓ be made from~ …… ～から作られている
- ✓ raw material …… 原料
- ✓ wood …… 木材
- ✓ sand …… 砂
- ✓ stone …… 石
- ✓ petroleum …… 石油
- ✓ bauxite …… ボーキサイト
- ✓ resource …… 資源
- ✓ natural resource …… 天然資源
- ✓ use up …… 使い切る

What is paper made from?

紙はなにから作られている？ 13

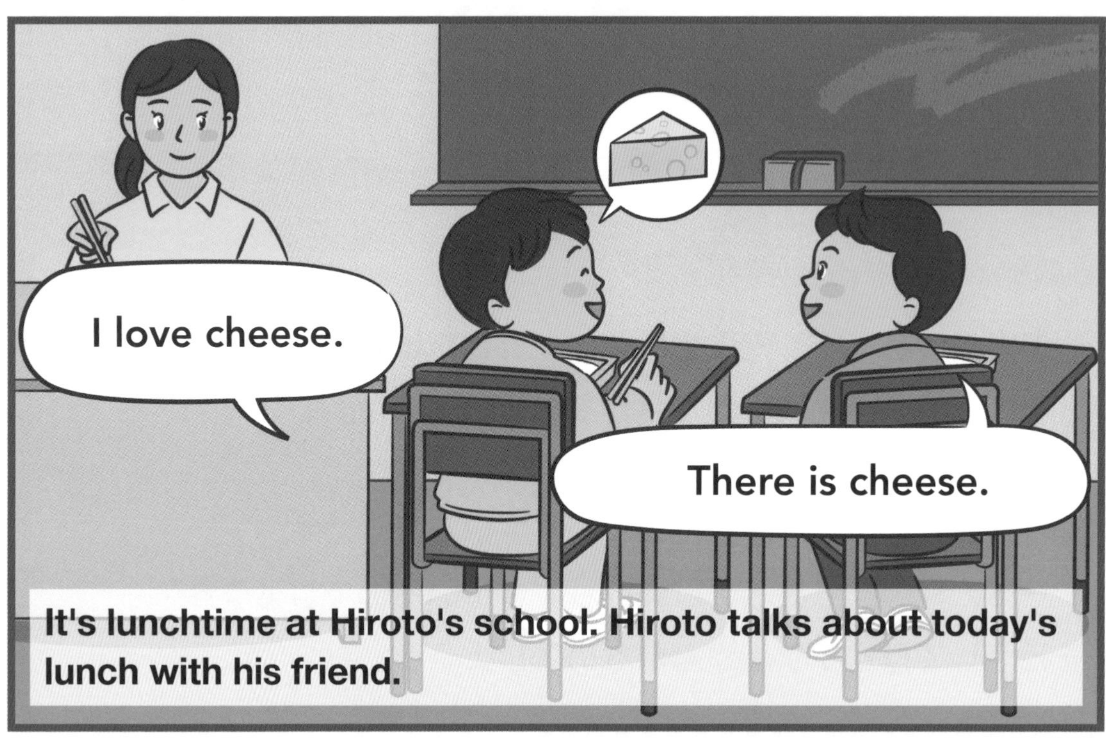

I love cheese.
There is cheese.
It's lunchtime at Hiroto's school. Hiroto talks about today's lunch with his friend.

We ate cheese today.
What is cheese made from?
Milk!
After lunch, class starts. The teacher asks the students a question. What is cheese made from?

New Words

14

- paper ……………… 紙
- be made from~ …〜から作られている
- lunchtime ………… 昼食の時間
- school ……………… 学校
- talk about ………… 〜について話す
- today ……………… 今日
- lunch………………… 昼食
- friend ……………… 友だち
- cheese……………… チーズ
- love ………………… 大好きである
- class ……………… クラス
- start ……………… 始める
- teacher …………… 先生
- ask………………… 質問(しつもん)する
- ate (eat の過去形) … 食べた
- milk ……………… 牛乳(ぎゅうにゅう)
- next ……………… 次に
- show……………… 見せる
- student …………… 生徒(せいと)
- That's right. ……… そのとおり。
- Hmm ……………… うーん

What are things made of ? — Question

ものはなにから作られている？ 問題 15

Everything is made from materials. These are called "raw materials." Here is a question. What is the raw material of each one?

Products

❶ **milk carton** (paper)

❷ **bottle** (glass)

❸ **can** (aluminum or steel)

❹ **plastic bottle** (plastic)

❺ **egg package** (plastic)

先生「全てのものは、もとになる材料（ざいりょう）から作られています。これらを「原料（げんりょう）」といいます。それでは、問題です。それぞれのものの原料はどれかな？」

［製品（せいひん）］❶ 牛乳（ぎゅうにゅう）パック（紙） ❷ びん（ガラス） ❸ かん（アルミニウムまたはスチール） ❹ ペットボトル（プラスチック） ❺ たまごパック（プラスチック）

Raw materials

wood

sand and stones

petroleum

bauxite

New Words

16

product	製品	alminum	アルミニウム
material	素材	steel	スチール
be called	～といわれている	plastic	プラスチック
raw material	原料	wood	木材
here is	さて、～です	sand	砂
each one	それぞれのもの	stone	石
bottle	びん	petroleum	石油
glass	ガラス	bauxite	ボーキサイト

[原料] 木材　砂と石　石油　ボーキサイト

What are things made from? — Answer

ものはなにから作られている？　答え 

Here are the correct answers.
Did you get them all right?

❶ A milk carton is made from wood.

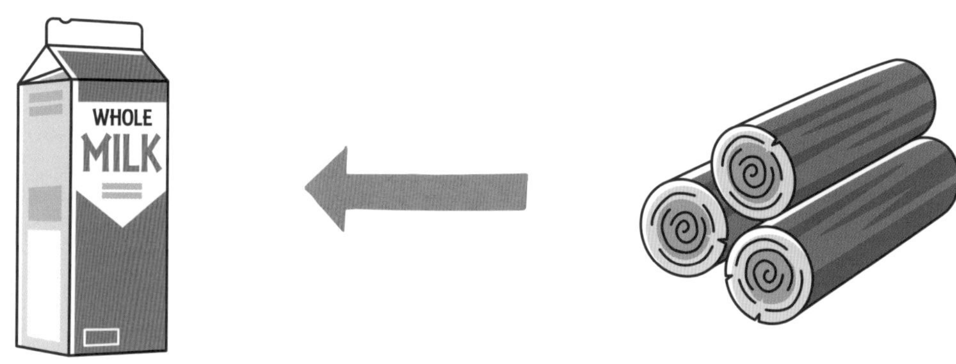

❷ A bottle is made from sand and stones.

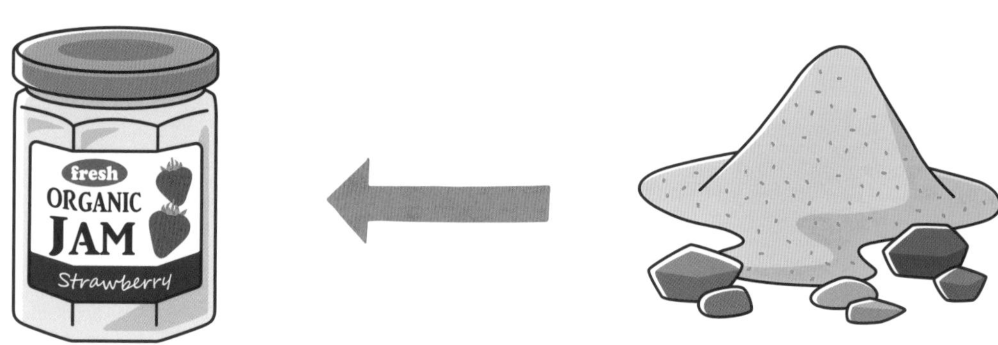

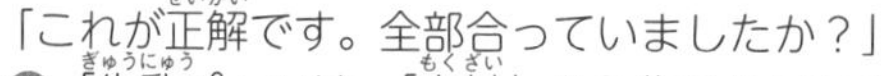
「これが正解です。全部合っていましたか？」
❶「牛乳パックは、「木材」から作られています。」
❷「びんは「砂や石」から作られています。」

❸ A can is made from bauxite or sand and stones.

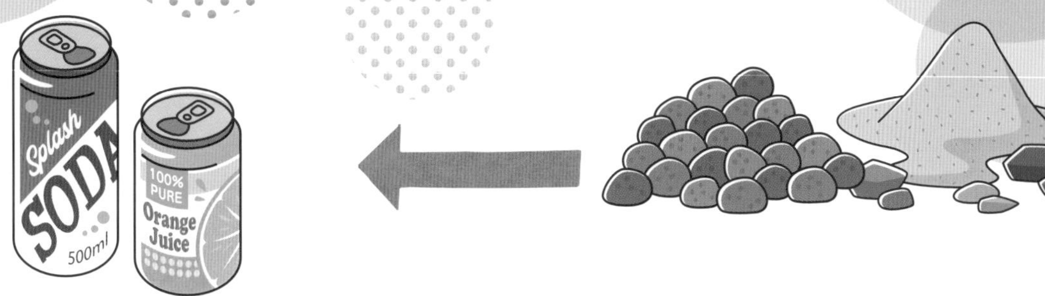

❹ A plastic bottle is made from petroleum.

❺ An egg package is made from petroleum.

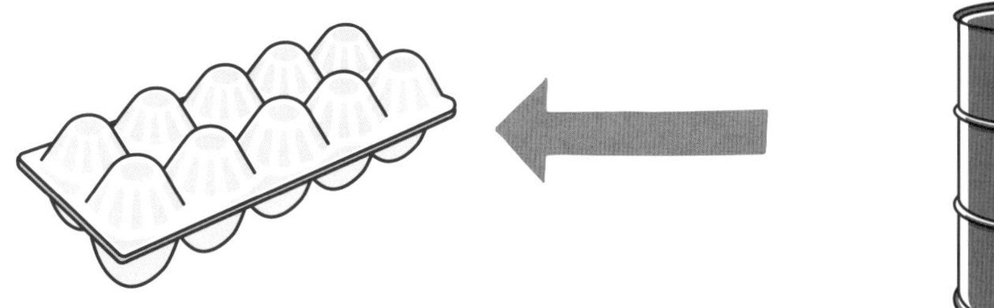

I got all the answers right! There are many types of raw materials.

New Words

🔊 18

- get (got) right … 正しく理解(りかい)する(した)
- all …………………… 全て
- many …………… たくさんの
- type ………………… 種類(しゅるい)

先生 ❸「かんは「ボーキサイト」または「砂や石」から作られています。」
❹「ペットボトルは「石油」から作られています。」
❺「たまごパックは「石油」から作られています。」

ヒロト「ぼくは全問正解(せいかい)だ！　いろいろな原料(げんりょう)があるんだね。」

What are natural resources?

天然資源ってなに？ 19

Resources are limited.

These raw materials are found in nature.

They are called "natural resources."

People cannot make natural resources. People take them from the land and the sea. Natural resources are limited.

資源は限られている これらの原料は、自然の中にあります。これを「天然資源」といいます。人は天然資源を作ることができません。陸地や海からとってきています。天然資源はかぎりのあるものなのです。

New Words

20

- resource …………… 資源
- limited ……………… かぎりのある
- be found in ……… ～で見つけられる
- natural resource … 天然資源
- people ……………… 人々
- take from ………… ～からとってくる
- land ………………… 陸地
- sea ………………… 海

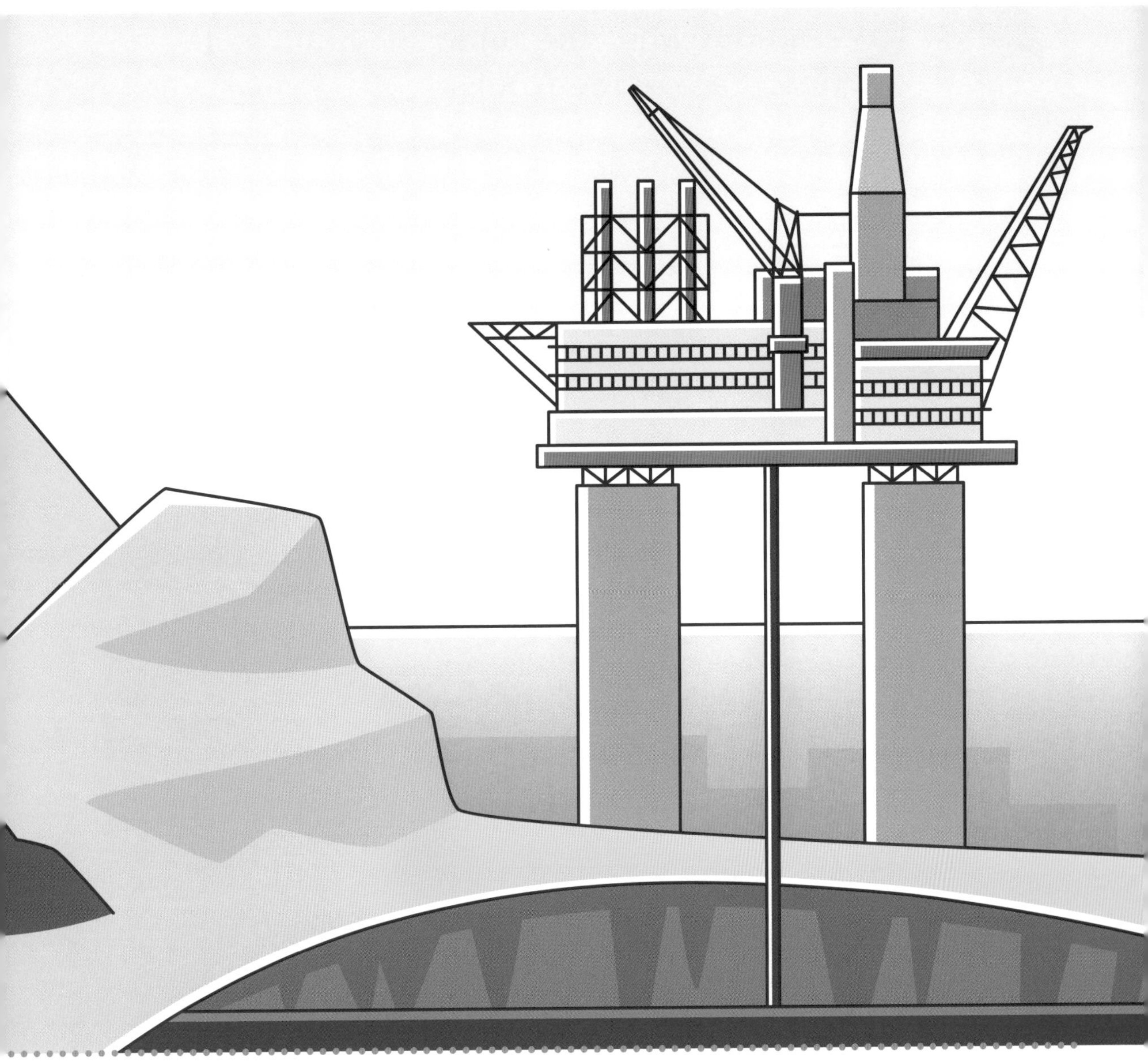

Let's find out the resources around us

身の回りの資源を調べてみよう　21

Here is your homework for today. Find out what the things in your house are made from.

❶ vase　❷ curtain　❸ book
❹ carpet　❺ toy　❻ hanger

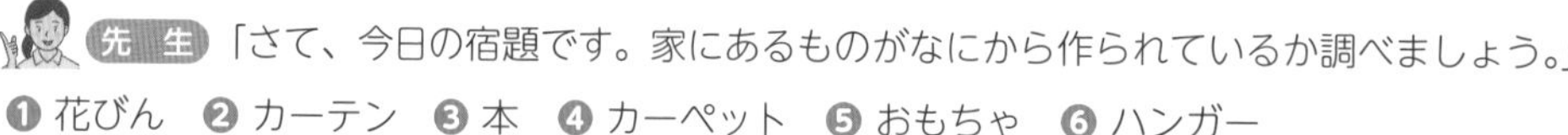
先生「さて、今日の宿題です。家にあるものがなにから作られているか調べましょう。」

❶ 花びん　❷ カーテン　❸ 本　❹ カーペット　❺ おもちゃ　❻ ハンガー

stones and sand

wood

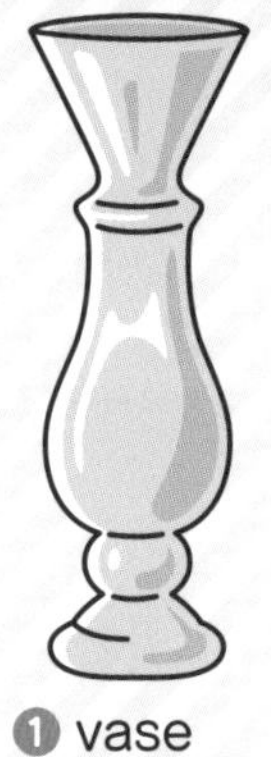

❶ vase

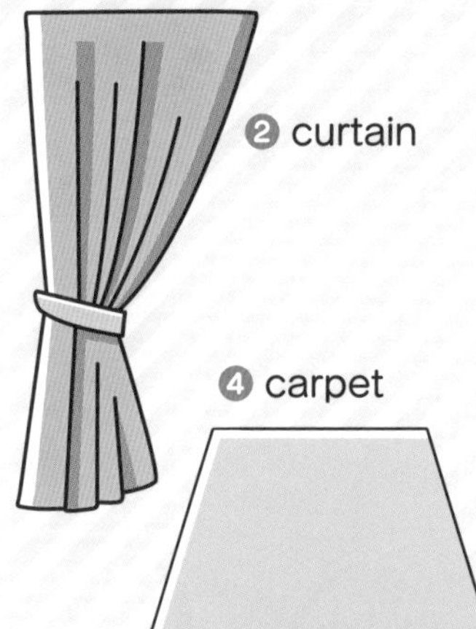

❷ curtain

❹ carpet

❸ book

❻ hanger

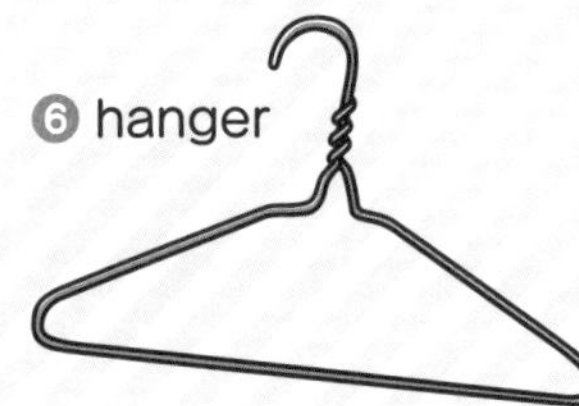

❺ toy

People cannot make natural resources. Is it okay to use so much?

New Words

22

- **around us** ……… 身の回りの
- **homework** ……… 宿題
- **find out** ………… 見つける
- **house** …………… 家
- **vase** ……………… 花びん
- **curtain** …………… カーテン
- **book** ……………… 本
- **carpet** …………… カーペット
- **hanger** …………… ハンガー
- **okay** ……………… だいじょうぶな
- **so much** ………… そんなにたくさんの

〔石・砂〕❶ 花びん　❻ ハンガー　〔石油〕❷ カーテン　❹ カーペット　❺ おもちゃ　〔木材〕❸ 本

 ヒロト「天然資源は、人が作れないんだよね。こんなに使っちゃって、だいじょうぶなのかな？」

That's why we recycle!

だからリサイクルするんだ！ 23

Mom, we use a lot of natural resources at home. I think the natural resources will be used up.

That's right. That's why we recycle. We can make good use of resources.

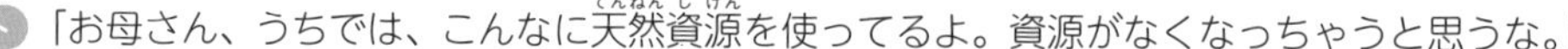

 ヒロト「お母さん、うちでは、こんなに天然資源を使ってるよ。資源がなくなっちゃうと思うな。」

「そのとおりだね。だからリサイクルするの。資源を上手に使えるんだよ。」

New Words

24

That's why	それが〜の理由です	use up	使い切る
recycle	再生利用(さいせいりよう)する=リサイクルする	make good use of	上手に使う
Mom	ママ	manufacture	製造(せいぞう)する
a lot of	たくさんの	sell	売る
at home	家に	buy	買う
think	考える	discard	捨(す)てる

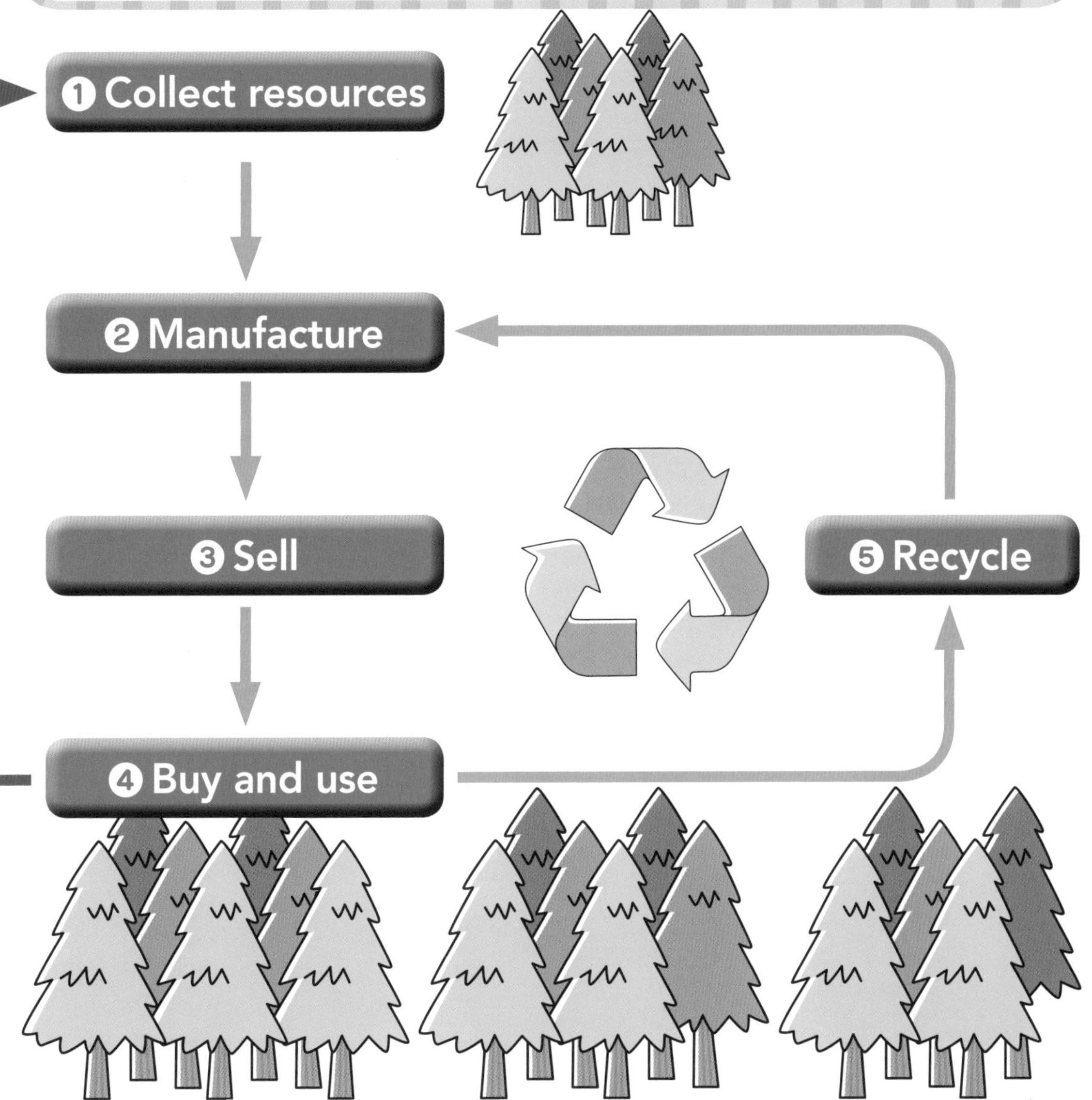

① 資源をとる ② 製造(せいぞう)する ③ 売る ④ 買う・使う ⑤ リサイクル ⑥ 捨(す)てる

Let's try!

おさらいクイズ

リサイクルについてのクイズを３問用意したよ。
ヒントはストーリー２の中にあるから、もう１回見返してもいいよ！

Q1 牛乳パックはなにから作られているかな？

❶ ボーキサイト
❷ 木材
❸ 牧場

Q2 石油が原料のものはどれかな？

❶ 本
❷ プラスチック
❸ パン

Q3 どうしてリサイクルが必要なのかな？

❶ そのほうが楽だから
❷ 名前がかっこいいから
❸ 資源にかぎりがあるから

Answer

Q1	❷	牛乳パックの紙は、木材からできているよ。	p24-25
Q2	❷	本（紙）は、木材から、プラスチックは石油から、パンは主に小麦から作られているね。	p24-25
Q3	❸	資源はかぎりがあるから、大事に使わなくちゃいけないんだ。そのためにリサイクルするんだ。	p30-31

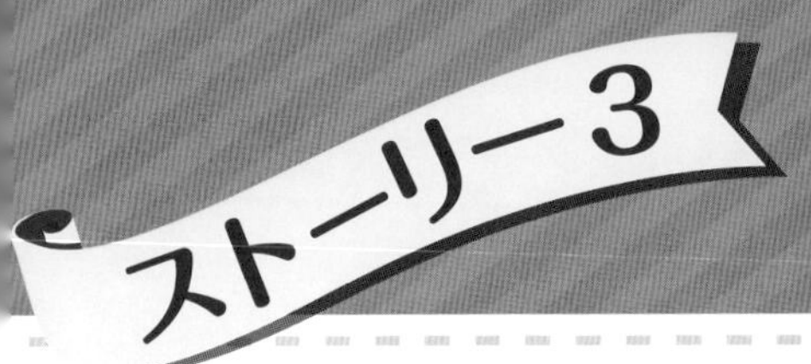

25

How do we recycle?

どうやってリサイクルするの?

ストーリー3のポイント

お父さんが仕事帰りにトイレットペーパーを買ってきました。
実は、元々あるものがリサイクルされて
生まれ変わったトイレットペーパーでした。
どんなものが、どうやってリサイクルされているのでしょうか。
身の回りには、どんなリサイクルがあるのでしょうか。
ヒロトといっしょに見てみましょう。

キーワード

- ✓ turn into …… ~に変(か)わる
- ✓ toilet paper …… トイレットペーパー
- ✓ put out for recycling …… 資源回収(しげんかいしゅう)に出す
- ✓ sort …… 分類(ぶんるい)する
- ✓ waste paper …… 古紙(こし)
- ✓ aluminium can …… アルミかん
- ✓ steel can …… スチールかん
- ✓ smarphone …… スマートフォン
- ✓ local industry …… 地域(ちいき)の産業(さんぎょう)

Recycle
3R
Reuse
Reduce

Milk cartons turn into toilet paper

➤ 牛乳パックがトイレットペーパーに変わる 26

Hiroto's father comes home. He has a package of toilet paper.

His father puts the toilet paper on a table. Hiroto notices a symbol on the toilet paper package.

New Words

27

- turn into ……… ～に変わる
- father ………… お父さん
- come home … 家に帰る
- have (has) …… 持っている

※ have は he や she などのとき、has になります。

- a package of … 1パックの
- toilet paper … トイレットペーパー
- I'm home. …… ただいま。
- buy (bought) 買う（買った）
- Hi ……………… やあ、おかえり
- dad …………… パパ
- Thank you. …… ありがとう。
- put on ………… ～に置く
- table…………… 机
- notice ………… 気づく
- package ……… パック
- mean ………… ～を意味する
- waste paper … 古紙
- Wow! ………… すごい！

Factory tour ❶ Recycling waste paper

工場見学❶ 古紙のリサイクル 28

Our class is visiting factories today.
What do they make from paper?

Recycling waste paper

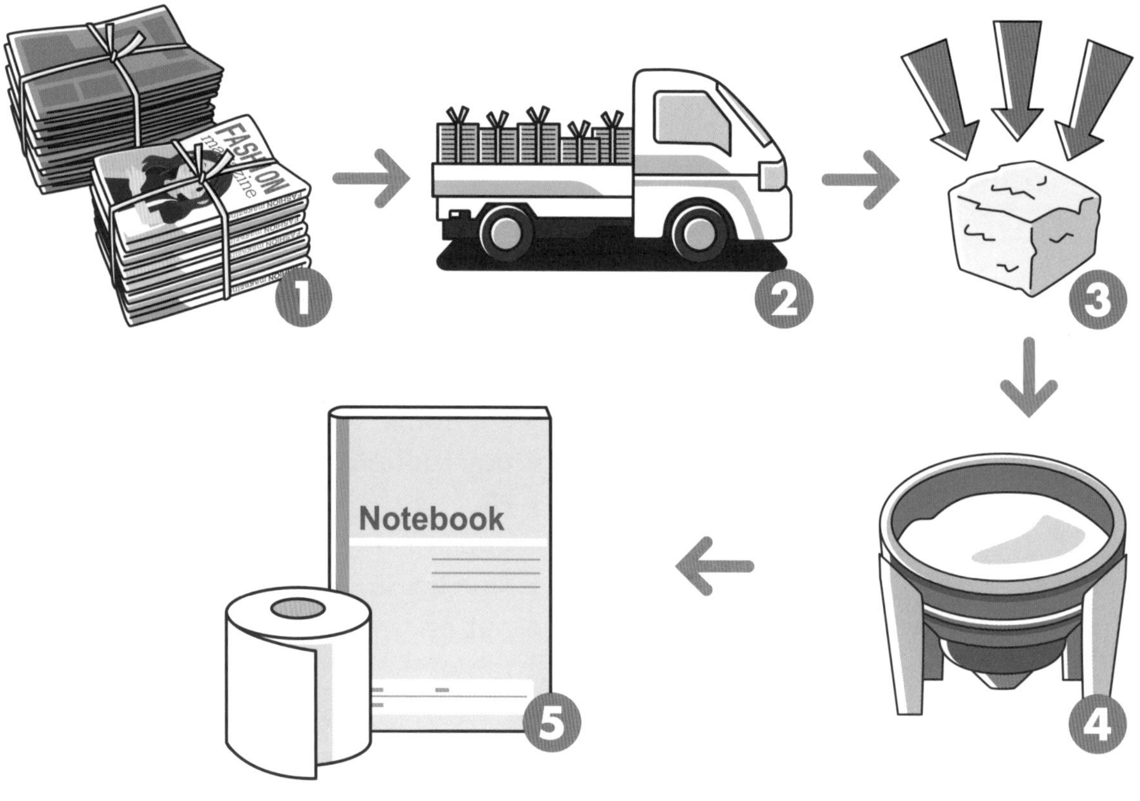

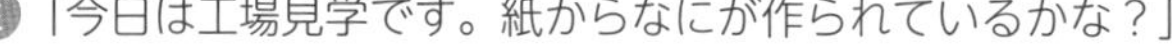

「今日は工場見学です。紙からなにが作られているかな？」

「なるほど！　紙をとかすんだね。ほかの製品はどうリサイクルされるのかな？」

❶ People put out waste paper for recycling.

❷ Workers collect the waste paper.

❸ At the recycling facility, workers sort the waste paper. They turn the waste paper into small bales.

❹ At the factory, they dissolve the waste paper. The waste paper turns into raw material.

❺ They make products from the raw material.

I see! They dissolve the paper. How are other products recycled?

New Words

29

- factory ………………… 工場
- factory tour ……… 工場見学
- visit ………………… 訪問（ほうもん）する
- make from ………… ～から作る
- put out for recycling … 資源回収（しげんかいしゅう）に出す
- worker ………………… 業者
- recycling facility … 資源化しせつ
- small ………………… 小さい
- bale ………………… かたまり
- dissolve …………… とかす
- product …………… 製品（せいひん）
- I see! ………………… なるほど！
- other ………………… 他の

古紙（こし）のリサイクル ➤ ❶ 古紙を資源回収（しげんかいしゅう）に出す。 ➡ ❷ 業者がその古紙を集める。 ➡ ❸ 資源化しせつで、業者がその古紙を分類（ぶんるい）する。古紙を小さいかたまりにする。 ➡ ❹ 工場で、その古紙をとかす。その古紙は原料（げんりょう）になる。 ➡ ❺ その原料から製品を作る。

Factory tour ❷ Recycling cans

工場見学❷ かんのリサイクル 30

Next, let's look at the recycling of cans.

Recycling cans

Aluminum cans

Steel cans

❶ → ❷ → ❸ → ❹ → ❺ → ❻

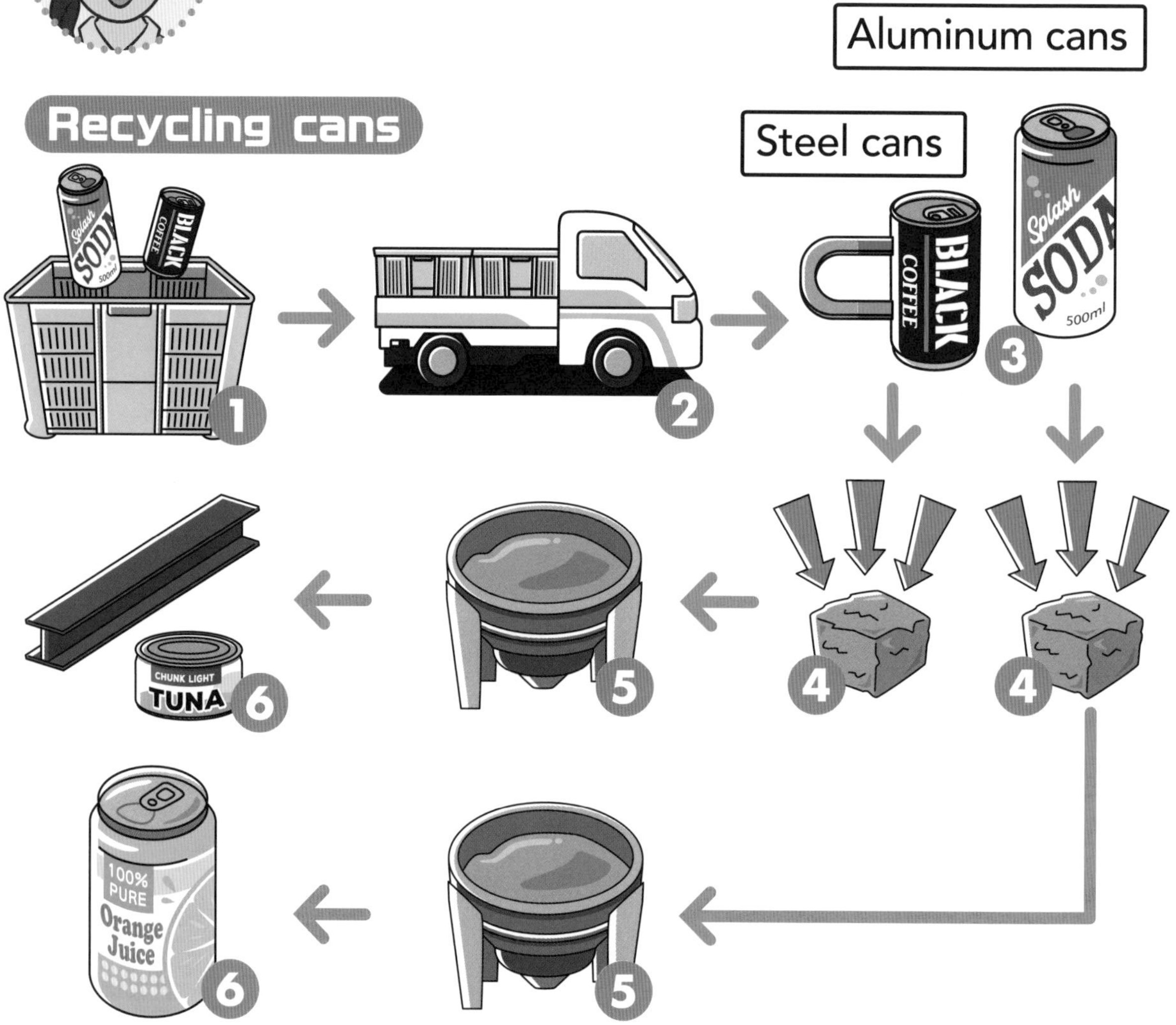

先生「次は、かんのリサイクルを見よう。」

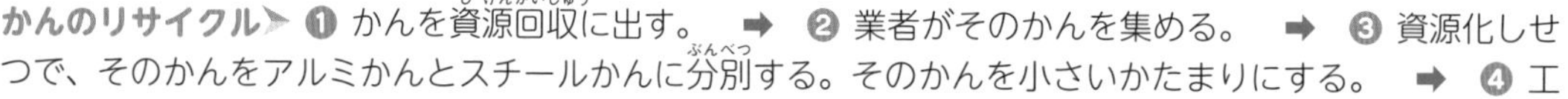

かんのリサイクル ❶ かんを資源回収に出す。 ➡ ❷ 業者がそのかんを集める。 ➡ ❸ 資源化しせつで、そのかんをアルミかんとスチールかんに分別する。そのかんを小さいかたまりにする。 ➡ ❹ 工

❶ People put out cans for recycling.

❷ Workers collect the cans.

❸ At the recycling facility, workers sort the aluminum cans and steel cans.
They turn the cans into small bales.

❹ At the factory, they melt the cans.
The cans turns into raw materials.

❺ They make products from these raw materials.

There are two types of cans, aluminum cans and steel cans. People make different things from each type.

New Words

31

- look at …………… ～を見る
- melt ………………… (熱(ねつ)で)とかす
- aluminum can …… アルミかん
- steel can …………… スチールかん
- each ………………… それぞれの

場でそのかんをとかす。そのかんは原料(げんりょう)になる。 ➡ ❺ それぞれの原料(げんりょう)から製品(せいひん)を作る。

ヒロト「かんにはアルミかんとスチールかんの２種類(しゅるい)があるんだ。それぞれの種類からちがうものを作るんだね。」

Factory tour ❸ Recycling plastic bottles

➤ 工場見学❸　ペットボトルのリサイクル　32

Next, let's look at the recycling of plastic bottles.

Recycling plastic bottles

1 → 2 → 3 → 4 → 5 → 6

先生「次はペットボトルのリサイクルを見よう。」

ペットボトルのリサイクル ➤ ❶ ペットボトルを資源回収に出す。　➡ ❷ 業者がそのペットボトルを集める。　➡ ❸ 業者は、そのペットボトルを小さいかたまりにする。　➡ ❹ 資源化しせつで、そのかた

❶ People put out plastic bottles for recycling.

❷ Workers collect the plastic bottles.

❸ Workers turn the plastic bottles into small bales.

❹ At the recycling facility, they cut the bales into pieces.

❺ They turn it into pelet at the factory.

❻ They make products from the pelet.

They make clothing from plastic bottles! I want to learn about more kinds of recycling.

New Words

🔊33

- cut into pieces …… 細かく切る
- pelet …………………… ペレット (小さいつぶ)
- clothing …………… 服
- want to …………… ～したい
- learn about ……… ～について学ぶ
- more ………………… もっと多くの
- kind ………………… 種類（しゅるい）

まりを細かく切る。 ➡ ❺ 工場で、それをペレットにする。 ➡ ❻ そのペレットから製品を作る。

ヒロト「ペットボトルから服が作れちゃうんだ！　もっとリサイクルの例（れい）を知りたいなあ。」

Let's find examples of recycling around us

身の回りのリサイクルの例を調べてみよう 34

I asked people about different kinds of recycling.

Smartphone recycling

We can get precious metals from smartphones. We make parts for smartphones and computers from these resources.

Recycling at a supermarket

Recyclable waste is collected at the supermarket. We can take them along anytime.

photo 1

 ヒロト 「いろいろな人からリサイクルの例を聞いたよ。」

スマートフォンのリサイクル ➤ スマートフォンからは、貴金属が取れるよ。これらの資源からスマートフォンやパソコンの部品を作ります。

スーパーでの資源回収 ➤ スーパーでも資源回収がされているよ。いつでも持っていけるんだね。

Recycling is good for local industry

Hops are a specialty product of Tono City in Iwate Prefecture. Hops are a raw material for beer.
People don't use the vines and peels of hops, so they usually incinerate them.
The high school students and other community members made washi paper from the vines and peels.
This recycling process generated new specialty products for the city.

photo 2

New Words

35

- smartphone ……… スマートフォン
- get ……… 取る
- precious metal … 貴金属
- part ……… 部品
- computer ……… コンピューター
- supermarket ……… スーパー
- take along ……… 持っていく
- anytime ……… いつでも
- good ……… 良い
- local industry …… 地域の産業
- hops ……… ホップ
- specialty product … 特産品
- city ……… 市
- prefecture ……… 県
- beer ……… ビール
- need ……… 必要にする
- vine ……… ツル
- peel ……… 皮
- usually ……… 通常
- incinerate ……… 焼きゃくする
- high school ……… 高校
- community member … 社会の一員（市民）
- washi paper ……… 和紙
- process ……… 過程、道のり
- generate ……… 生み出す
- new ……… 新しい

リサイクルが地域産業を活性化する ➤ 岩手県遠野市の特産品はホップです。ホップはビールの原料です。ホップのツルと皮は使わないので、通常、焼きゃく処分します。高校生たちは市民といっしょに、このツルと皮から和紙を作りました。このリサイクルは、この市に新しい特産品を生み出しました。

写真提供／ photo1: 藤井志紀 /photoAC　photo2: みっくす /photoAC

Let's try!

おさらいクイズ

リサイクルについてのクイズを３問用意したよ。
ヒントはストーリー３の中にあるから、
もう１回見返してもいいよ！

牛乳パックをリサイクルするとなにになるかな？

❶ 牛乳びん
❷ トイレットペーパー
❸ ペットボトル

Q2

かんの原料はどれかな？

① アルミニウム
② プラスチック
③ スチール

Q3

金、銀、銅がとれるものはどれかな？

① ペットボトル
② ホップ
③ スマートフォン

Answer

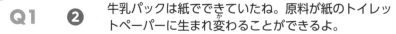

Q1	❷	牛乳パックは紙でできていたね。原料が紙のトイレットペーパーに生まれ変わることができるよ。	p34-37
Q2	❶❸	アルミかんとスチールかんがあるよ。原料がちがうから、リサイクルのとちゅうで別々になったね。	p38-39
Q3	❸	ほかにもホップのツルと皮は、和紙にリサイクルができたね。	p42-43

36

3R and resource recycling society

3Rと資源循環型社会

ストーリー4のポイント

夏休みにタイからパットという少年が、
ヒロトの家へホームステイにやってきました。
同い年の二人はすぐに意気投合！
パットは一枚のカードをヒロトにプレゼントします。
そのカードの正体は・・・。
また、世界中の国が「3R」という活動に
取り組んでいるようなのですが、どうしてでしょうか？

キーワード

- ✓ **resource recycling society** …… 資源循環型社会
- ✓ **dung** …… （動物の）フン
- ✓ **deposit** …… デポジット（預かり金）
- ✓ **biogas** …… バイオガス
- ✓ **digital coin** …… 電子コイン
- ✓ **global** …… 地球全体の
- ✓ **3R** …… ３Ｒ（スリーアール）
- ✓ **reduce** …… （ごみを）減らす
- ✓ **reuse** …… （ごみを）再利用する
- ✓ **recycle** …… （ごみを）資源にする

A present from Pat

パットからのプレゼント 37

Here, this is for you.
Thank you very much!
One day, Pat gave Hiroto a card.

What is this card made from? Do you know the answer?
Of course! This is paper. So its raw material is wood.
Pat gives Hiroto a quiz.

Then Pat says something unexpected.
No! You're wrong! This card is made from elephant dung!

Huh? What in the world do you mean?

New Words

38

- present ………… プレゼント
- one day ………… ある日
- give (gave) ……… あげる（あげた）
- card ……………… カード
- very much ……… とても
- quiz ……………… クイズ
- know……………… 知っている
- Of course! ……… もちろん！
- something ……… 何か
- unexpected …… 意外な
- wrong …………… まちがい、はずれ
- elephant ………… ゾウ
- dung……………… （動物の）フン
- Huh? ……………… え？
- what in the world … 一体全体

How do they recycle elephant dung?

どうやってゾウのフンをリサイクルするの？ 39

There are elephants in my country, Thailand.
People keep many elephants.

photo 1

Elephants are herbivores.
An elephant produces almost 100 kg of dung per day.

photo 2

 パット「ぼくの国、タイにはゾウがいます。たくさんのゾウが、人間に飼育されています。」
「ゾウは草食動物です。一頭のゾウは一日に100kg近くのフンを出します。」

写真提供：photo1 357516/PIXTA（ピクスタ） photo2 piyaphunjun/PIXTA（ピクスタ）

This is how they make paper from elephant dung.

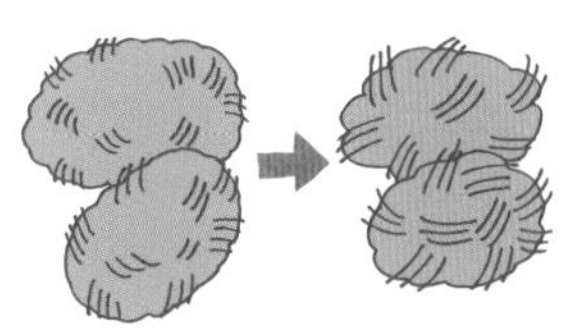

❶ dry

❷ knead
❸ boil

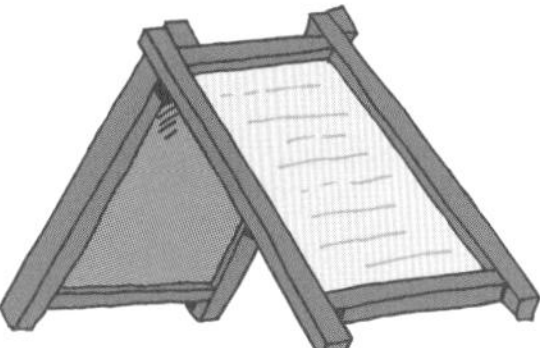

❹ mix with waste paper and water
❺ spread thin
❻ dry

Elephant dung contains a lot of fiber from grass and wood. So people can make paper without cutting down trees.

New Words

40

country	国	mix with	～と混ぜる
Thailand	タイ	water	水
keep	飼う	spread thin	うすく広げる
herbivore	草食動物	contain	ふくむ
per day	一日当たり	fiber	せんい
produce	作りだす	grass	草
dry	かわかす	without	～なしで
knead	ほぐす	cut down	切りたおす
boil	ゆでる	tree	木

パット「こうやって、ゾウのフンで紙を作るんだよ。❶ かわかす ➡ ❷ ほぐす ➡ ❸ ゆでる ➡ ❹ 古紙と水と混ぜる ➡ ❺ すく ➡ ❻ 干す」

パット「ゾウのフンには、草や木のせんいがたくさんふくまれているんだ。だから、新たに木を切らなくても、紙を作ることができるんだ。」

I found out about recycling in many different countries!

いろいろな国のリサイクルを調べてみたよ！ 41

Our independent study presentations are today. I found out about recycling in many different countries.

Germany

Drinks are often sold in bottles or plastic bottles.
Sometimes there is a deposit on bottles or plastic bottles for drinks. When people return the empty container to the store, they get the price of the container back.

Sweden

In many cities, people make biogas from food waste and sludge.
People ferment food waste and sludge. These things generate biogas. Biogas is fuel for buses and taxis.

ヒロト「今日は自由研究の発表会。ぼくはいろいろな国のリサイクルを調べたよ。」

ドイツ　デポジット ※内容の日本語訳は、P79を確認してね。

スウェーデン　バイオガス ※内容の日本語訳は、P79を確認してね。

写真提供：（一社）産業環境管理協会　資源リサイクル促進センター

Netherlands

People become members of WASTED. They sort their trash, put it in special bags, and discard it in specified garbage bins.
They take a photo of their garbage bags with a smartphone and send it to WASTED. Then they get digital coins.

Many countries are trying to reduce waste by recycling!

New Words

42

independent study	自由研究	ferment	発こうさせる
presentation	発表	fuel	燃料
Germany	ドイツ	bus	バス
deposit	デポジット（預かり金）	taxi	タクシー
drink	飲み物	Netherlands	オランダ
often	しばしば	digital coin	電子コイン
price	代金	become	～になる
container	容器	trash	ごみ
return	返す	special	専用の
empty	空の	bag	ふくろ
store	店	specified	指定の
get back	取りもどす	garbage bin	ごみ箱
Sweden	スウェーデン	take a photo of	～の写真をとる
biogas	バイオガス	send	送信する
sludge	汚泥	try to	～しようとする

オランダ　電子コイン ➤ ※内容の日本語訳は、P79を確認してね。

ヒロト「たくさんの国が、リサイクルでごみを減らそうとしているんだね！」

※ WASTEDはゴミ分別促進プロジェクトの名前です

The world works on "3R"

世界中が取り組む「3R」 43

That was a good presentation! Actually, two other words besides "Recycle" are also very important. They are "Reduce" and "Reuse."

"Reduce" means producing less garbage.

Reuse

"Reuse" means using things over and over.

Recycle

"Recycle" means turning garbage into resources.

"Reduce," "Reuse," and "Recycle" are called "3R." This is a slogan about improving the global environment.

世界中が取り組む「3R」

先生「いい発表でしたね！　じつは、「リサイクル」のほかにあと２つ、大事な言葉があります。それは、「リデュース」と「リユース」です。」

※ Reduce, Reuse, Recycle の内容の日本語訳は、P80 を確認してね。

Some garbage can be turned back into resources, but not all garbage can be recycled. Therefore, "Reduce" is the most important.

- Do not buy or accept more than you need.

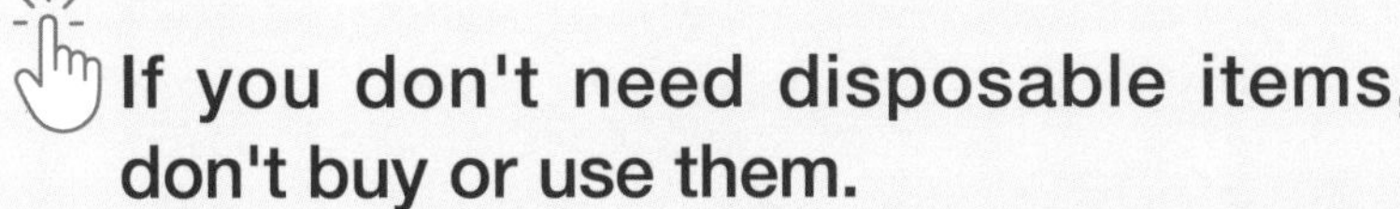

- If you don't need disposable items, don't buy or use them.
- Before you go shopping, check what you really need.

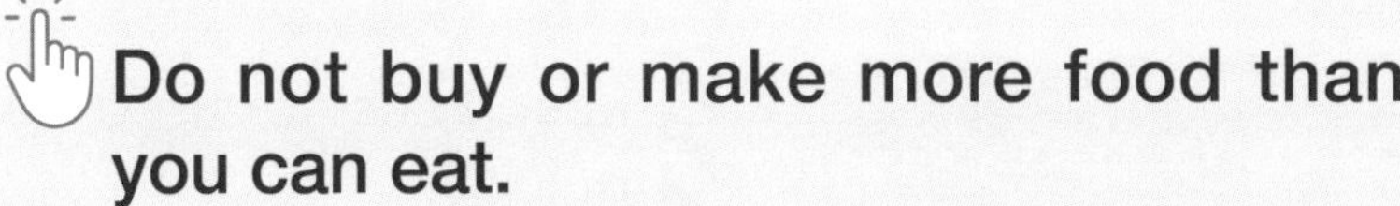

- Do not buy or make more food than you can eat.

It is important to keep this attitude in life.

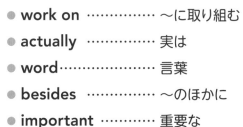

44

world	世界
work on	～に取り組む
actually	実は
word	言葉
besides	～のほかに
important	重要な
instead of	～の代わりに
over and over	何度も
slogan	合言葉
improve	良くする
global	地球の
environment	環境
therefore	それゆえに
most	一番
accept	受け入れる
disposable item	使い捨てのもの
go shopping	買い物に行く
really	本当に
attitude	姿勢
life	生活

先生「一部のごみは資源にもどせますが、全てをリサイクルできるのではありません。だから、リデュースが一番大事なのです。」

※ の日本語訳は、P80を確認してね。

Why is the world working on 3R?

どうして世界中が3Rに取り組んでいるの？ 45

It is to create a resource recycling society.

People make things.

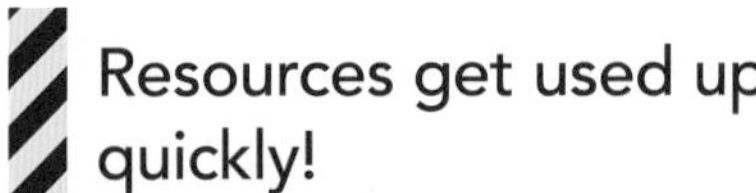

Resources get used up
quickly!

People use small amounts of resources.

Recycle
People sort garabage to turn it back into resources.

3R is an important way to take good care of the earth! I will do my best for 3R every day!

先生「それは、「資源が循環する社会」をつくるためです。」
※図の日本語訳は、P80を確認してね。

People buy and use the things.

People unthinkingly buy and use things, waste food, and throw away garbage without sorting.

People use more and more resources.

People buy only necessary things, and use them carefully, eat all their food, and sort their garbage.

||

3R

Reduce
People reduce waste to reduce garbage.

Reuse
People use things over and over to reduce garbage.

New Words

46

- **create** ……………… つくる
- **more and more** … どんどん
- **quickly** ……………… 急速に
- **unthinkingly** ……… 何も考えないで
- **necessary** ………… 必要(ひつよう)な
- **way to** ……………… ～するための方法
- **take good care of** … ～を大切にする
- **earth** ……………… 地球
- **do my best** ……… (私が) がんばる
- **every day** ………… 毎日

ヒロト「3Rって、地球を大切にする大事な取り組みなんだね！　ぼくも3Rを毎日がんばるぞ！」

Let's try!
おさらいクイズ

リサイクルについてのクイズを３問用意したよ。
ヒントはストーリー４の中にあるから、もう一回見返してもいいよ！

Q1 ゾウのフンで作ることができるのはどれ？

❶ レジぶくろ　❷ 紙　❸ 一輪車（いちりんしゃ）

Q2 飲み物の容器（ようき）を返すとお金がもどるドイツの制度（せいど）をなんという？

❶ エチケット　❷ プラカップ
❸ デポジット

Q3 地球の環境（かんきょう）をよくする合言葉＝3R。「リサイクル」のほかの２つはどれかな？

❶ リデュース　❷ リラックス　❸ リモート
❹ リユース

Answer

Q1	❷	ほかにも、ゾウのフンから発生したガスを燃料（ねんりょう）にできるよ。	➡ p50-51
Q2	❸	ドイツのほかにもいろいろな国で行われているよ。調べてみよう。	➡ p52-53
Q3	❶❹	リデュースは「ごみを減（へ）らす」こと、リユースは「ごみを再利用（さいりよう）すること」、リサイクルは「ごみを資源（しげん）にすること」だったね。これらを３Ｒというんだよ。	➡ p54-55

まとめと発展学習

3R とリサイクルについて

学習のまとめをしたいみなさんや、
ごみ問題と3Rのリサイクルについて
もっとくわしく知りたいみなさんのために
日本語で説明(せつめい)します。
ぜひ自分でも調べてみてください。

3R とごみの問題

● 3Rの意味

3Rとは、Reduce(ごみを減(へ)らす)、Reuse(ごみを再利用(さいりよう)する)、Recycle(ごみを資源(しげん)にする)のことです。1巻(かん)ではReduce、つまり、ごみをつくらない、出さない、減らしていくことを学びました。2巻ではReuse、つまり、ごみをくり返して使うことによってごみにしないことを学びました。

3巻では、わたしたちの暮(く)らしの中にあるさまざまなモノが地球上の資源を使ってつくられていることを知りました。そして、ごみとして出されたモノを資源にもどして活用していくRecycleのことを学びました。

●ごみ問題とリサイクルの関係

なぜ、リサイクルが必要なのでしょうか。まず、日本は土地がせまいためにごみのうめ立て地はかぎられています。そこで、燃やすことができるごみは燃やされます。でも、燃やされたごみはゼロにはなりません。燃えがらが出ます。その燃えがらは重さで約 10 分の 1 、体積で約 30 分の 1 の灰になります。それらを処理してエコセメントとしてリサイクル活用している自治体もあります。このようにごみとして出てきたモノを有効活用して最終処分場であるうめ立て地を確保していくことや、かぎられた資源からつくられたモノを、資源にもどして再活用していくことが求められているのです。

また、ごみを燃やすことは、二酸化炭素を出すなど、大気にもえいきょうをあたえます。そこで、まず出すごみを減らし、リユースし、リサイクルし、ゴミの量を少なくしていくことがとても大切なのです。

資源回収では、リサイクルを可能にしていくために、みなさんの住んでいる地域ごとに回収するモノを分けているのです。

ストーリー❶のまとめと解説

Let's separate garbage
ごみを分けよう

●ストーリー1のまとめ

ストーリー１では、資源ごみとはなにかについて学びます。資源ごみは、資源にもどしてまた活用できるごみのことです。そして資源にもどして再活用することを「リサイクル」といいます。

資源ごみをリサイクルするためには、ごみの分別が大切です。分別しないで捨てると、資源ごみはそのまま焼やされてしまいます。

●資源ごみを見分けるヒント

資源ごみを見分けやすくするために、製品にはマークがついています。これらはリサイクル識別表示マークといいます。これらのマークは、製品の原料を見分けるためのヒントです。下の表は、資源ごみのヒントになるマークの一例です。

マーク	種類	マーク	種類
アルミ	アルミかん	プラ	プラスチック製容器包装
スチール	スチールかん	紙	紙製品 （段ボールのぞく、アルミ使用の紙パックふくむ）
1 PET	ペットボトル	紙パック	紙パック（アルミ不使用）

※紙パックはマークがついていないモノもあります。
※資源ごみだけれどもマークがついていないものもあります。どれが資源ごみなのかについては、自治体で配られる「ごみのハンドブック」を見てみましょう。

ストーリー②のまとめと解説

What is a resource?
資源ってなに？

●ストーリー２のまとめ

ストーリー１では「資源ごみは、資源にもどして再活用できるごみ」のことだと学びましたね。では、資源とは一体なんでしょうか？　ストーリー２では資源について、そして資源とリサイクルの関係をみます。

モノには元となる材料があります。これを原料といいます。モノの原料はさまざまで、紙の原料は木、かんやガラスの原料は石や砂（鉱物）、そしてたまごパックなどのプラスチックやペットボトルの原料は石油です。これらはすべて自然からとれるもので、天然資源といいます。

●かぎりある天然資源とリサイクル

天然資源は、自然の中で長い年月をかけてできるモノで、量にかぎりがあります。そのため、たくさん使っていると、いずれ底つきてしまいます。するとわたしたちは新しい場所を探すのですが、例えば石油をとる油田を開発するには、陸や海底をほったり、とった石油を運ぶパイプを地中や海底に作ることが必要です。こうした活動は、自然の環境を変化させたり、こわしたりすることにつながります。むやみに資源を使えば、その分だけ資源を使うスピードも速くなり、どんどん環境をこわしていくことになり

ます。

わたしたちの暮らしと資源は、切りはなすことができません。だからこそ、資源は、大切に使わなくてはいけません。そして、その方法の一つがリサイクルです。モノを捨てずに資源にもどし、その資源から新しいものをつくり出すリサイクルができれば、新たに資源をとる量をおさえることができます。

●化石燃料と環境問題

現代のわたしたちの暮らしは、石油や石炭など、何億年という長い時間をかけて地中にたまった動植物からできた化石燃料によってつくられてきました。石油はプラスチックの原料でもありますが、自動車を動かすガソリンや、ストーブの燃料、ごみを燃やす燃料などのエネルギーとしても使われています。

じつは、化石燃料を使うことによって、地球の温度が上がっています。スウェーデンの17歳の環境活動家、グレタ・トゥーンベリさんは「わたしたちの家（地球）が火事だ！」(2019年9月）と気候変動（気候危機）をうったえました。地球全体でおこる気候変動に、モノをリサイクル（＝再生利用）するだけでなく、エネルギーも再生可能なものに変えていくことが求められています。

再生可能なエネルギーとは、化石燃料のように資源がなくなってしまったり、使うことで二酸化炭素が出たりするような環境に悪いものではない、風力や太陽光などの自然のエネルギーのことです。

ストーリー❸のまとめと解説

How do we recycle?
どうやってリサイクルするの？

●ストーリー3のまとめ

ストーリー３では、リサイクルがどのように行われているのか、いくつかの例をみます。

まずは、わたしたちが資源ごみを資源回収に出すところからはじまります。それぞれの資源は回収され、資源化しせつで、さらに分類された後、運びやすいよう、小さなかたまりにされます。そしてこのかたまりは、工場に運ばれます。工場でとかされると原料にもどり、その原料から製品がつくられます。

紙には、新聞紙や段ボール、牛乳パック、雑誌に雑がみ、といろいろな種類がありますね。リサイクルできる製品も紙の種類ごとに異なります。例えば牛乳パックからは、トイレットペーパーができます。元の製品とリサイクル製品が異なっていますね。一方で、段ボールから段ボールがつくられるなど、元の製品とリサイクル製品が同じモノの場合もあります。さまざまな例があるので、みなさんも調べてみましょう。

じつは、ヒロトがトイレットペーパーのパッケージ上で見つけたように、リサイクル製品であることを示すマークもあります。わたしたちの身の回りにはたくさんのリサイクル製品があるので、みなさんの持ちものや店にならぶ商品の中から、これらのマークを探してみましょう。

●リサイクルが生み出す地域の産業

リサイクルは地域や会社が中心となって取り組むことが多いですが、わたしたちがアイデアを出して取り組むこともできます。そのような取り組みの一つを、本文で紹介しました。

岩手県立遠野緑峰高校の草花研究班の生徒さんたちは、地域の特産のビールの原料であるホップのツルと皮から「ホップ和紙」を開発するリサイクルに取り組んでいます。ホップのツルと皮はビールづくりには使わないので、元々は捨てていたものでした。このリサイクルは、環境にやさしいだけでなく、地域産業の活性化にも役立っています。

地元の原料にこだわり、山に自生する木の皮を紙すきののりに使う技術を開発しました。さらに、化学薬品を使う漂白（紙を白くすること）をしない無漂白化の開発にも成功するなど、環境にやさしい和紙づくりに取り組んできました。

ホップのツルや皮からつくられる製品は、卒業証書、コースター、はがき、さらには「ふるさと納税の返礼品」としてのランプシェードなど、地域産業の活性化に役立っています。

ストーリー❹のまとめと解説

3R and resource recycling society

３Ｒと資源循環型社会

●ストーリー4のまとめ

リデュース、リユース、リサイクル、つまり３Ｒは、日本だけでなく海外でもいろいろな方法で取り組まれています。なぜ、３Rは世界中で取り組まれているのでしょうか？

それは、ごみの処分や資源のむだ使いが、日本だけでなく世界中で同じように問題になっているからです。さらに、これらの問題は国境をこえて、えいきょうをおよぼす問題でもあります。

例えば、海にただようごみは、ほかの国の海岸にまで流されてたどりつき、そこに住む生きものに悪いえいきょうをおよぼします。日本にもほかの国からごみが流れてきます。日本へ流れつく海のごみは海流と季節風のえいきょうを受けて、異なります。どこの国からどの季節に流れてくるか、ぜひ、調べてみてください。

●３Rに取り組む資源循環型社会へ

みなさんは、**大量生産**、**大量消費**、**大量はいき**という言葉を聞いたことがあるでしょうか。これらは、むやみにものをつくり、使用し、そして捨てていく社会を表す言葉です。ものをつくるには、自然から資源をとる必要があります。たくさんつくり、使用し、捨てるほど、それだけ資源を使うスピードも速くなり、どんどん資源はなくなっていきます。

また、日本で使われる資源は世界中でとられて、運ばれてきたものです。特に石油は、日本ではほとんど採れません。海外から輸入しているのです。日本で資源がむだ使いされると、世界のさまざまな国の資源をむだ使いすることにつながります。だからこそ世界全体で３Rに取り組み、資源が循環する社会にすることが大切なのです。

まずは**Reduce（リデュース）**、つまり、ごみになるものを減らすことが一番大切です。そのためには、必要なものだけを持ち、余分なものや、すぐにごみになるものは持たないことが大事です。

二番目に大事なことが**Reuse（リユース）**、つまり、一つのものをくり返し使い、ごみになるまでの時間を長くすることです。そのためには、大事に使ったり、いらないものはほかの使用者を探したり、こわれたものは修理することが大切です。

そして、三番目が**Recycle（リサイクル）**です。リサイクルとは、ごみを資源にもどして新しいものをつくりだすことです。新しいものをつくるために必要な資源をリサイクルによってまかなうことができます。リサイクルするためには、わたしたちがごみを分別することがまず大事でしたね。

３Rの取り組みは、一つ一つは小さなことです。でも、それぞれが独立しているのではありません。みな「つながって」いるのです。だからこそ、わたしたち一人一人が毎日の生活の中で取り組み、欲望（want）にまかせるのではなく、生き物として人が生きるのに必要（need）なこと、「足るを知る」ことを考えて行動していくことが大切です。ぜひ、この本で学んだことや疑問に思ったことを大事にして、みなさんの生活に取り入れていってください。

子どもたちに身近な内容が，英語学習への興味につながる

山崎 祐一（長崎県立大学教授，小学校英語教育学会理事，小中学校英語教科書著作編修者）

2011年度より小学校で外国語活動が必修化され，小学校において事実上の英語教育が始まりました。小学校英語教育に関しては，早期に外国語を学ぶことの利点が主張される一方で，日本語が定着していない子どもに英語を教えていいのかという議論が展開されたり，教師と児童のさらなる負担が不安視されたりするなど，長い間賛否両論の意見が交わされてきました。そして時代の流れとともに，いよいよ2020年度より英語が小学校で教科化されることになりました。このことは，我が国の英語教育の歴史上，最大の変革と言っても過言ではありません。

特に5～6年生では，外国語による4技能（聞くこと，読むこと，話すこと，書くこと）の言語活動を通して，コミュニケーションを図る基礎となる資質や能力を育成することを目指します。また，外国語の背景にある文化に対する理解を深め，他者に配慮しながら主体的に外国語を用いてコミュニケーションを図ろうとする態度を養います。

教科になると，音声に重きを置きながらも，読むこと，書くことへの慣れ親しみも大切にしていきます。しかし，単に単語や文構造を暗記するだけでは，子どもたちの思考にはあまり働きかけません。知識や技能の習得と，それを活用する言語活動が必要です。それには，授業の内容を「身近」で「自分に直接関連するもの」として捉えることが重要です。自然・社会・科学・生物・スポーツ・文化などの身近で親しみやすい内容で，子どもたちの頭の中をいっぱいにしてあげるのです。身近な題材だからこそ，「尋ねたい」「伝えたい」という積極的な気持ちが生まれるのです。例えば，リーディング教材では，読解だけに終わらず，対話的な言語活動を促し，その内容について発問の工夫をしながら，主体的に学ぶ意識や英語で発信する力の強化にもつないでいくことができます。英語表現をただ覚えるだけではなく，知的レベルに合わせたリーディングを通して，子どもたちを身近なテーマに巻き込み，内容を呼び覚ますことが，思考や深い学びにつながっていきます。

教師や保護者は「子どもたちに英語を教えて，将来子どもたちにどうして欲しいのか」についてしっかりと認識しておくべきです。外国語を学ぶことで子どもたちは「新しい視点」を得ます。1つの世界を2つの視点から見て，子どもたちはもっと楽しく面白く生きていくことができます。また，外国語を学びながら，これまで無意識だった日本語や日本文化を再確認することもできます。教師・保護者自身が広い視野と柔軟性を持ち，子どもたちが英語でコミュニケーションをとることの楽しさと喜びを感じられるような指導方法や教材選びに意識を向けておくことが大切です。

子どもたちは外国語を学ぶと同時に，世界の生活や文化に興味を持ち，諸外国の人々の価値観を認め，協調して生きていこうとする態度を養う努力を怠らないことが重要です。そして、そのことは遠い外国の人たちのことだけでなく，実は，教室で今となりに座っている異なる考え方を持つ友だちのことも理解し，認め，お互いに分かりあえる素適な方法であるということに，子どもたち自身が気づくことにもつながっていくのではないでしょうか。

著者紹介

小澤 紀美子

（株）日立製作所システム開発研究所研究員、東京学芸大学・同大学院研究科教授を経て、現在は東京学芸大学名誉教授、東海大学大学院客員教授、こども環境学会元会長・理事。コカ・コーラ教育・環境財団理事。専門分野は環境教育学。編著書は『これからの環境学習―まちはこどものワンダーらんど』（風土社）、『子どもの・若者の参画』（萌文社）、『児童心理学の進歩2005年版「環境教育」』（金子書房）、『持続可能な社会を創る環境教育論』（東海大学出版会）など多数。

訳者紹介

スーザン・マスト

オハイオ州立大学大学院日本語言語学修士号を取得。元立命館大学英語講師、元オハイオ州立大学日本語講師。

英語で地球をわくわく探検

みんなで取り組む３R ③ ～ごみを資源にするRecycle（リサイクル）～

令和２年（2020年） 8月10日　　初版第１刷発行

●カバーデザイン・扉、単語集デザイン………株式会社デジカル
●カバーイラスト…………………………………SMILES FACTORY
●本文イラスト……………………………………SMILES FACTORY（4コママンガ）／
Tsuki（ストーリー1,2,3）／田中斉（ストーリー4）

著　者　　小澤　紀美子
発行人　　福田　富与

発行所　　有限会社 Ｊリサーチ出版

〒166-0002 東京都杉並区高円寺北2-29-14-705
電　話　03（6808）8801（代）
ＦＡＸ　03（6808）8806
https://www.jresearch.co.jp

印刷所　　（株）シナノ パブリッシング プレス

本書へのご意見・ご感想は下記URLまでお寄せください。
https://www.jresearch.co.jp/contact/

ISBN978-4-86392-485-7

ストーリー❶〜❹　日本語訳

ストーリー❶　ごみを分けよう

We must separate the garbage

➢ごみは分けなければならない　🔊2

New Words

- must …… ～しなければならない　🔊3
- separate ………… 分ける
- garbage ………… ごみ
- bring ………………… 持ってくる
- some ……………… いくつかの
- put into ………… ～に入れる
- garbage bag …… ごみぶくろ
- mother …………… お母さん
- make a mistake… まちがえる
- tell ………………… 教える
- set aside ………… 別にする
- milk carton ……… 牛乳パック
- How come?……… なんで？
- explain …………… 説明する
- see ………………… 見る
- symbol …………… マーク
- recyclable waste… 資源ごみ
- use ………………… 使う
- again ……………… また
- check……………… 調べる
- carefully ………… 気をつけて

8-9ページ　タイトル　ごみは分けなければならない

1コマ目

ナレーション

ヒロトはゴミを持ってきて、ごみぶくろに入れます。

2コマ目

ナレーション

ヒロトはまちがえています。お母さんがそれを教えます。

母

ヒロト、牛乳パックは別にして。

ヒロト

なんで？

3コマ目

ナレーション

お母さんは、ゴミは分けなければならないと説明します。

母

ゴミは分けなくてならないのよ。

ヒロト

でも、どうやって分けるの？

4コマ目

母

このマークがみえる？　これは資源ごみ。資源ごみは、また使えるんだよ。

ヒロト

なるほど。注意して調べるよ。

10-11 ページ　タイトル　ごみを分けてみよう ―問題

母

資源(しげん)ごみはどれかな？

①かん
②ペットボトル
③牛乳(ぎゅうにゅう)パック
④びん
⑤たまごパック
⑥おもちゃ
⑦くつ
⑧電球
⑨生ごみ

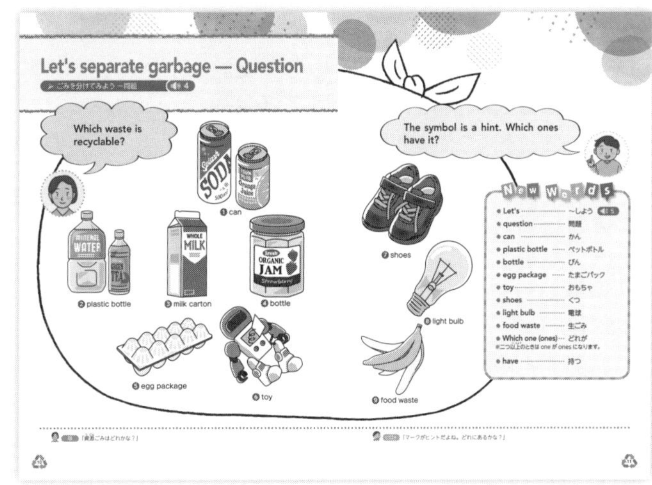

Let's separate garbage — Question
Which waste is recyclable?
The symbol is a hint. Which ones have it?
❶ can
❷ plastic bottle
❸ milk carton
❹ bottle
❺ egg package
❻ toy
❼ shoes
❽ light bulb
❾ food waste
New Words
Let's ～しよう
question 問題
can かん
plastic bottle ペットボトル
bottle びん
egg package たまごパック
toy おもちゃ
shoes くつ
light bulb 電球
food waste 生ごみ
Which one (ones) どれが
have 持つ

ヒロト

マークがヒントだよね。どれにあるかな？

12-13 ページ　タイトル　ごみを分けてみよう ―こたえ

母

これが正解(せいかい)。

①かん
②ペットボトル
③牛乳(ぎゅうにゅう)パック
④びん
⑤たまごパック

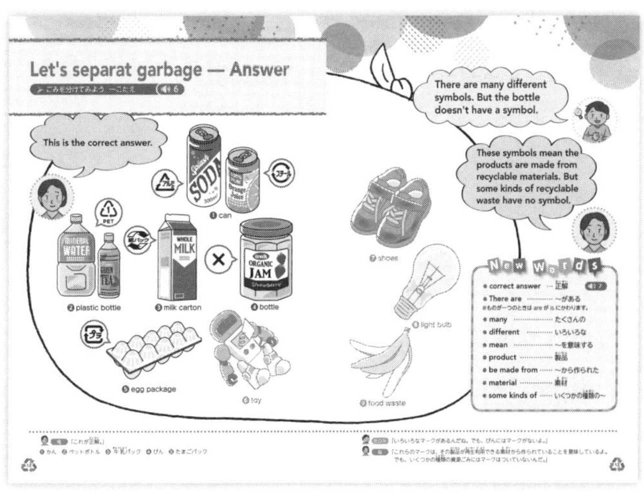

Let's separat garbage — Answer
This is the correct answer.
There are many different symbols. But the bottle doesn't have a symbol.
These symbols mean the products are made from recyclable materials. But some kinds of recyclable waste have no symbol.
❶ can
❷ plastic bottle
❸ milk carton
❹ bottle
❺ egg package
❻ toy
❼ shoes
❽ light bulb
❾ food waste
New Words
correct answer 正解
There are ～がある
many たくさんの
different いろいろな
mean ～を意味する
product 製品
be made from ～から作られた
material 素材
some kinds of いくつかの種類の～

ヒロト

いろいろなマークがあるんだね。
でも、びんにはマークがないよ。

母

これらのマークは、その製品(せいひん)が再生利用(さいせいりよう)できる素材(そざい)から作られていることを意味しているよ。でも、いくつかの種類(しゅるい)の資源(しげん)ごみには、マークはついていないんだ。

14-15 ページ　タイトル ごみの分け方

母

これらはほかのごみと別にしないといけないんだよ。ごみを分けてみよう！

●資源ごみ

① かん
② ペットボトル
③ 牛乳パック
④ びん
⑤ たまごパック

●燃えるゴミ

⑦ くつ
⑨ 生ごみ

●燃えないゴミ

⑥ おもちゃ

●有害ゴミ

⑧ 電球

ヒロト

資源ごみってなに？

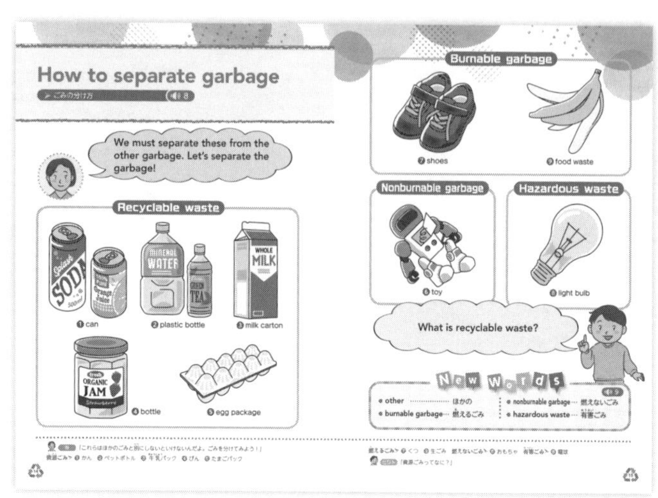

16-17 ページ　タイトル 資源ごみってなに？

母

資源ごみは素材にもどして、また利用できるよ。これをリサイクルというよ。

① 集める ➡ ② くだいて、とかす ➡ ③ 素材にもどす ➡ ④ 新しいものにする

●リサイクルの方法

① 家庭や会社から資源ごみを集める ➡ ② ゴミをくだいて、とかす ➡ ③ 素材にする ➡ ④ 新しいものを作るために使う

ヒロト

リサイクルのために注意してごみを分別するよ。

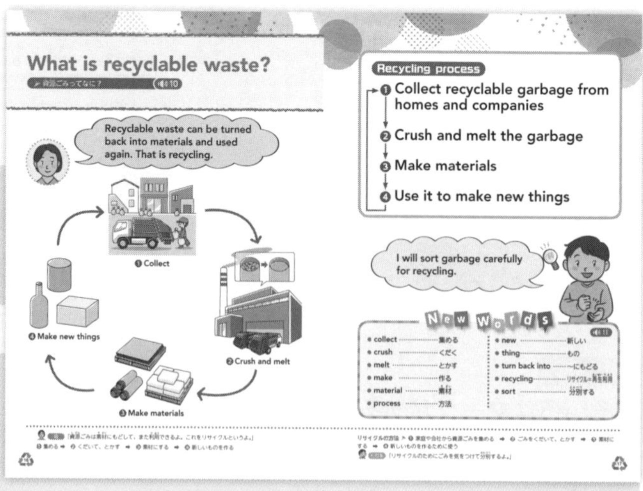

ストーリー❷ 資源(しげん)ってなに？

What is paper made from?

紙はなにから作られている？ 13

20

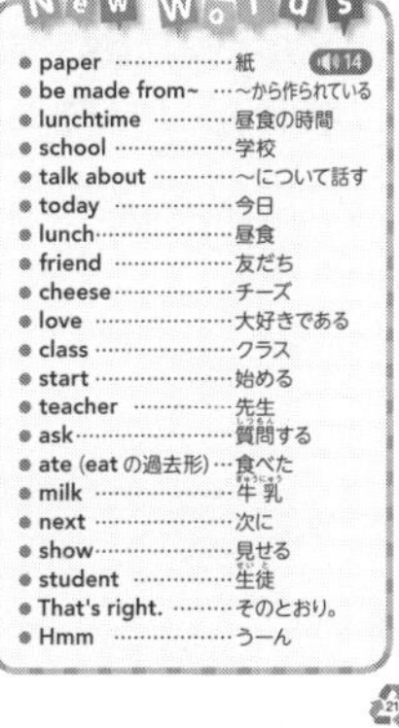

New Words 14

- paper ……紙
- be made from~ ……~から作られている
- lunchtime ……昼食の時間
- school ……学校
- talk about ……~について話す
- today ……今日
- lunch ……昼食
- friend ……友だち
- cheese ……チーズ
- love ……大好きである
- class ……クラス
- start ……始める
- teacher ……先生
- ask ……質問(しつもん)する
- ate (eat の過去形) ……食べた
- milk ……牛乳(ぎゅうにゅう)
- next ……次に
- show ……見せる
- student ……生徒(せいと)
- That's right. ……そのとおり。
- Hmm ……うーん

21

20-21ページ　タイトル　紙はなにから作られている？

1コマ目

ナレーション
ヒロトの学校では、昼食の時間です。ヒロトは友だちと今日の昼食について話しています。

ともだち1
チーズがあるね。

ヒロト
ぼく、チーズ大好(す)きだよ。

2コマ目

ナレーション
昼食後、授業(じゅぎょう)がはじまります。先生が生徒(せいと)たちに質問(しつもん)します。チーズはなにから作られているのでしょうか？

先生
今日はチーズを食べましたね。チーズは何からできているのかな？

ヒロト
牛乳(ぎゅうにゅう)！

3コマ目

ナレーション
次に先生は牛乳パックを見せます。先生は生徒たちに質問します。

先生
そのとおり。ではこの牛乳パックの紙は、何から作られているのかな？

生徒たち
うーん…？

4コマ目

ヒロト
紙は何から作られているのかな？

22-23 ページ　タイトル　ものはなにから作られている？　問題

先生
すべてのものは、材料から作られています。これらを「原料」といいます。それでは、問題です。それぞれのものの原料はどれかな？

〔製品〕
① 牛乳パック（紙）
② びん（ガラス）
③ かん（アルミ、またはスチール）
④ ペットボトル（プラスチック）
⑤ たまごパック（プラスチック）

〔原料〕
木材
砂や石
石油
ボーキサイト

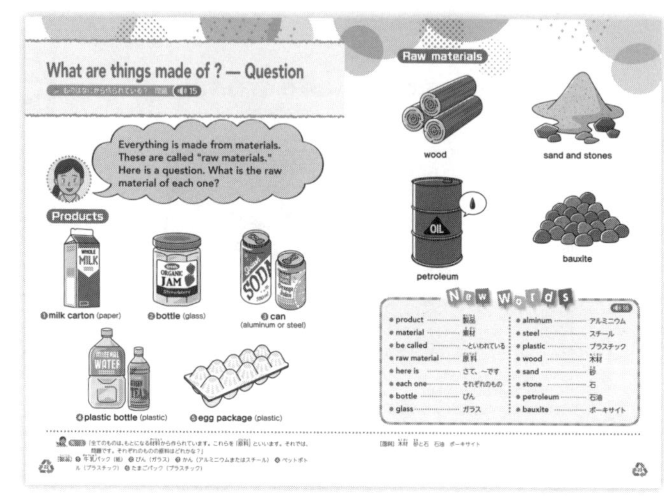

24-25 ページ　タイトル　ものはなにから作られている？　答え

先生
これが正解です。全部合っていましたか？

① 牛乳パックは、「木材」から作られています。
② びんは「砂や石」から作られています。
③ かんは「ボーキサイト、または砂や石」から作られています。
④ ペットボトルは「石油」から作られています。
⑤ たまごパックは「石油」から作られています。

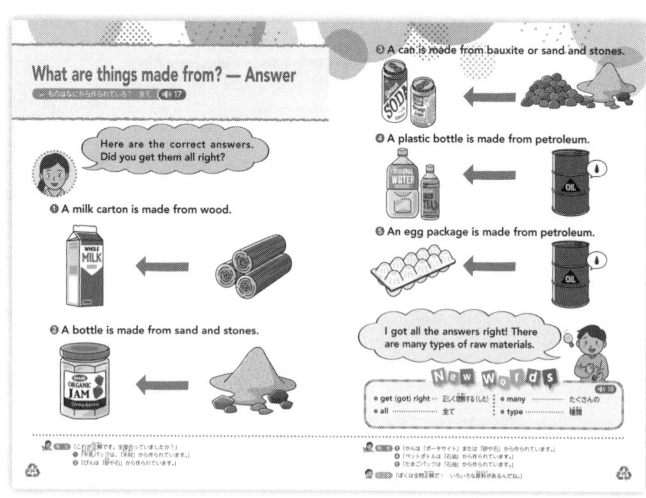

ヒロト
ぼくは全問正解だ！　いろいろな原料があるんだね。

26-27 ページ　タイトル　天然資源ってなに？

●資源はかぎられている

これらの原料は、自然の中にあります。これを「天然資源」といいます。人は天然資源を作ることができません。陸地や海からとってきています。天然資源はかぎりのあるものなのです。

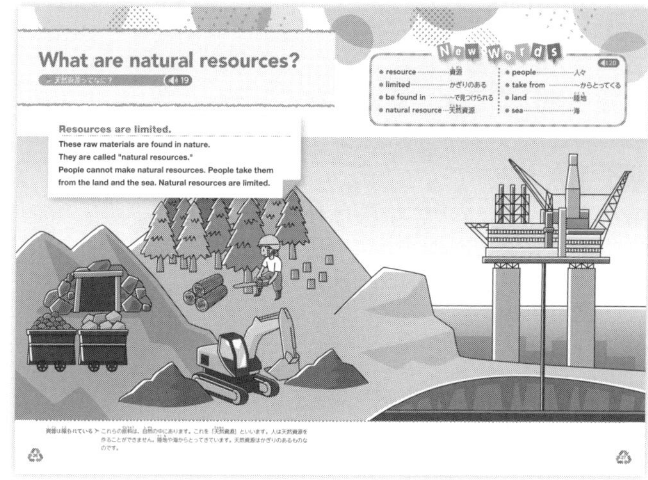

28-29 ページ　タイトル　身の回りの資源を調べてみよう

先生

さて、今日の宿題です。家にあるものがなにから作られているか調べましょう。

① 花びん　② カーテン　③ 本
④ カーペット　⑤ おもちゃ
⑥ ハンガー

〔砂や石〕
① 花びん　⑥ ハンガー
〔石油〕
② カーテン　④ カーペット
⑤ おもちゃ
〔木材〕③ 本

ヒロト

天然資源は、人が作れないんだよね。こんなに使っちゃって、だいじょうぶなのかな？

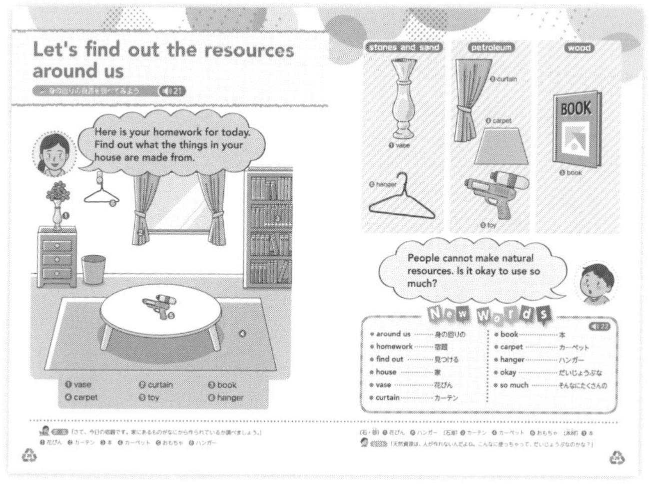

30-31 ページ　タイトル　だからリサイクルするんだ！

ヒロト

お母さん、うちでは、こんなに天然(てんねん)資源(しげん)を使ってるよ。資源がなくなっちゃうと思うな。

母

そのとおりだね。だからリサイクルするの。資源を上手に使えるんだよ。

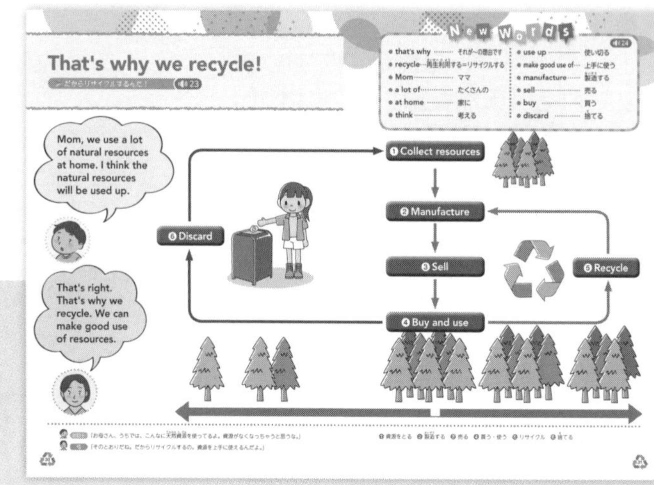

① 資源(しげん)をとる
② 製造(せいぞう)する
③ 売る
④ 買う・使う
⑤ リサイクルする
⑥ 捨(す)てる

ストーリー❸ どうやってリサイクルするの？

Milk cartons turn into toilet paper

牛乳パックがトイレットペーパーに変わる 26

34

New Words 27

- turn into ……… ～に変わる
- father ………… お父さん
- come home … 家に帰る
- have (has) …… 持っている

※ have は he や she などのとき、has になります。

- a package of … 1パックの
- toilet paper … トイレットペーパー
- I'm home. …… ただいま。
- buy (bought) 買う（買った）
- Hi ……………… やあ、おかえり
- dad …………… パパ
- Thank you. …… ありがとう。
- put on ………… ～に置く
- table…………… 机
- notice ………… 気づく
- package ……… パック
- mean ………… ～を意味する
- waste paper … 古紙
- Wow! ………… すごい！

35

34-35ページ　タイトル 牛乳パックがトイレットペーパーに変わる

1コマ目

ナレーション

ヒロトのお父さんが家に帰ってきます。お父さんは1パックのトイレットペーパーを持っています。

父

ただいま。トイレットペーパーを買ってきたよ。

ヒロト

おかえりなさい、お父さん。ありがとう。

2コマ目

ナレーション

お父さんがトイレットペーパーを机の上に置きます。ヒロトはトイレットペーパーのパック上のマークに気づきます。

ヒロト

マークを見つけたよ！　これはどういう意味？

3コマ目

ナレーション

お父さんがそのマークについて教えてくれます。

父

このマークは、古紙から作られた製品だということを意味しているんだ。これは、牛乳パックから作られているんだ。

4コマ目

ヒロト

すごい！　どうやったら、牛乳パックがトイレットペーパーに変わるの？

36-37 ページ　タイトル　工場見学❶　古紙のリサイクル

先生

今日は工場見学です。紙からなにが作られているかな？

●古紙のリサイクル

① 古紙を資源回収に出す。 ➡ ② 業者がその古紙を集める。 ➡ ③ 資源化しせつで、業者がその古紙を分類する。古紙を小さいかたまりにする。 ➡ ④ 工場で、その古紙をとかす。その古紙は原料になる。 ➡ ⑤ その原料から製品を作る。

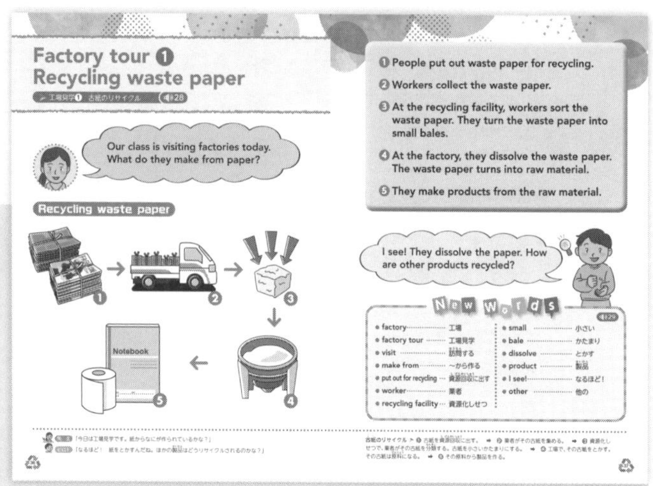

Factory tour ❶
Recycling waste paper
Our class is visiting factories today. What do they make from paper?
Recycling waste paper
Notebook
❶ People put out waste paper for recycling.
❷ Workers collect the waste paper.
❸ At the recycling facility, workers sort the waste paper. They turn the waste paper into small bales.
❹ At the factory, they dissolve the waste paper. The waste paper turns into raw material.
❺ They make products from the raw material.
I see! They dissolve the paper. How are other products recycled?
New Words
factory …… 工場
factory tour …… 工場見学
visit …… 訪問する
make from …… ～から作る
put out for recycling …… 資源回収に出す
worker …… 業者
recycling facility …… 資源化しせつ
small …… 小さい
bale …… かたまり
dissolve …… とかす
product …… 製品
I see! …… なるほど！
other …… 他の

ヒロト

なるほど！　紙をとかすんだね。ほかの製品はどうリサイクルされるのかな？

38-39 ページ　タイトル　工場見学❷　かんのリサイクル

先生

次は、かんのリサイクルを見よう。

●かんのリサイクル

① かんを資源回収に出す。 ➡ ② 業者がそのかんを集める。 ➡ ③ 資源化しせつで、そのかんをアルミかんとスチールかんに分別する。そのかんを小さいかたまりにする。 ➡ ④ 工場で、そのかんをとかす。そのかんは原料になる。 ➡ ⑤ それぞれの原料から製品を作る。

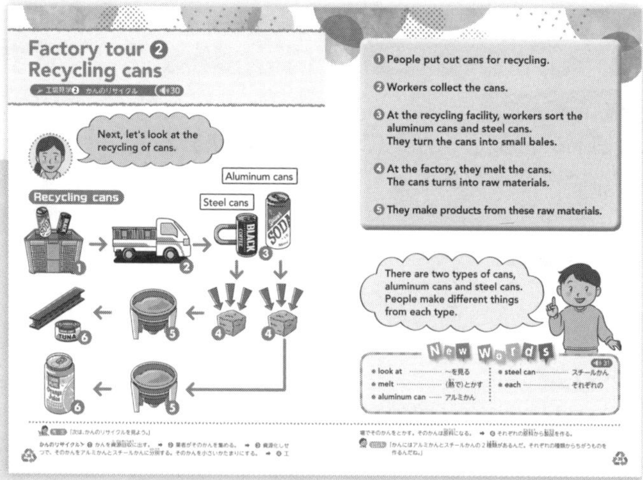

Factory tour ❷
Recycling cans
Next, let's look at the recycling of cans.
Recycling cans
Aluminum cans
Steel cans
❶ People put out cans for recycling.
❷ Workers collect the cans.
❸ At the recycling facility, workers sort the aluminum cans and steel cans. They turn the cans into small bales.
❹ At the factory, they melt the cans. The cans turns into raw materials.
❺ They make products from these raw materials.
There are two types of cans, aluminum cans and steel cans. People make different things from each type.
New Words
look at …… ～を見る
melt …… (熱で)とかす
aluminum can …… アルミかん
steel can …… スチールかん
each …… それぞれの

ヒロト

かんにはアルミかんとスチールかんの二種類があるんだ。それぞれの種類からちがうものを作るんだね。

40-41 ページ　タイトル　工場見学③　ペットボトルのリサイクル

先生

次は、ペットボトルのリサイクルを見よう。

●ペットボトルのリサイクル

① ペットボトルを資源回収に出す。 ➡ ② 業者がそのペットボトルを集める。 ➡ ③ 業者は、そのペットボトルを小さいかたまりにする。 ➡ ④ 資源化しせつで、そのかたまりを細かく切る。 ➡ ⑤ 工場で、それをペレットにする。 ➡ ⑥ そのペレットから製品を作る。

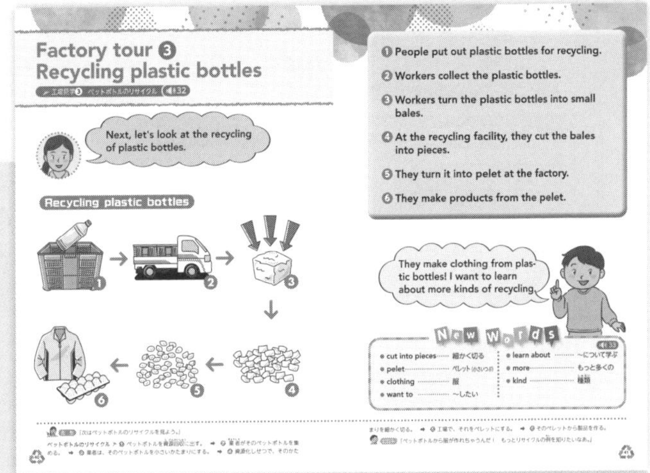

ヒロト

ペットボトルから服が作れちゃうんだ！　もっとリサイクルの例を知りたいなあ。

42-43 ページ　タイトル　身の回りのリサイクルの例を調べてみよう

ヒロト

いろいろな人からリサイクルの例を聞いたよ。

母

●スマートフォンのリサイクル

スマートフォンからは、貴金属が取れるよ。これらの資源からスマートフォンやパソコンの部品を作ります。

父

●スーパーでの資源回収

スーパーでも資源回収がされているよ。いつでも持っていけるんだね。

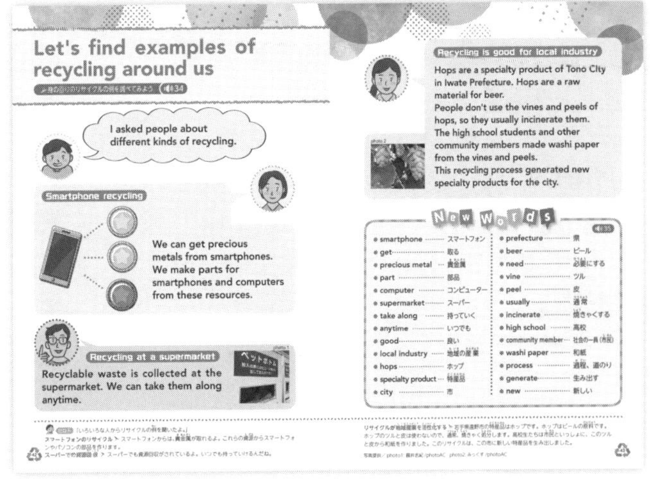

先生

●リサイクルが地域産業を活性化する

岩手県遠野市の特産品はホップです。ホップはビールの原料です。ホップのツルと皮は使わないので、通常、焼きゃく処分します。高校生たちは市民といっしょに、このツルと皮から和紙を作りました。このリサイクルは、この市に新しい特産品を生み出しました。

ストーリー ❹ 3Rと資源循環型社会

A present from Pat

パットからのプレゼント　37

Here, this is for you.
Thank you very much!
One day, Pat gave Hiroto a card.

What is this card made from? Do you know the answer?
Of course! This is paper. So its raw material is wood.
Pat gives Hiroto a quiz.

Then Pat says something unexpected.
No! You're wrong! This card is made from elephant dung!

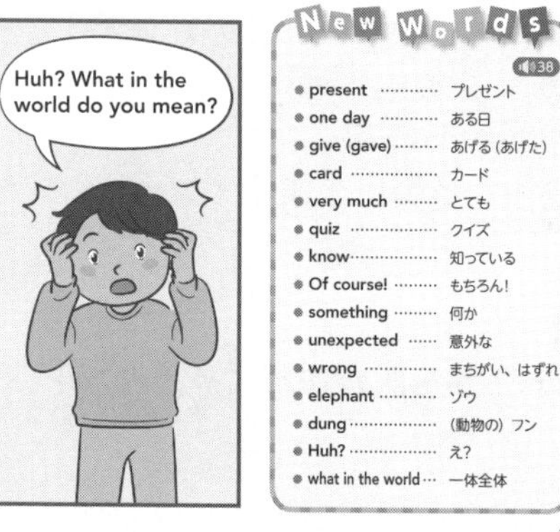

Huh? What in the world do you mean?
New Words
38
present ………… プレゼント
one day ………… ある日
give (gave) ……… あげる（あげた）
card ……………… カード
very much ……… とても
quiz ……………… クイズ
know……………… 知っている
Of course! ……… もちろん！
something ……… 何か
unexpected …… 意外な
wrong …………… まちがい、はずれ
elephant ………… ゾウ
dung ……………… （動物の）フン
Huh? …………… え？
what in the world … 一体全体

46-47 ページ　タイトル パットからのプレゼント

1コマ目

ナレーション

ある日、パットがヒロトに1枚のカードをあげました。

パット

はい、これをきみにあげる。

ヒロト

どうもありがとう！

2コマ目

ナレーション

パットはヒロトにクイズを出します。

パット

このカードは、なにから作られているでしょう？　答えを知ってる？

ヒロト

もちろん！　これは紙だね。だからこれの原料は木材だよ。

3コマ目

ナレーション

するとパットは意外なことを言います。

パット

ブブー！　はずれ！　このカードは、ゾウのフンから作られているんだ！

4コマ目

ヒロト

ええ！　一体全体、どういうこと？

48-49 ページ　タイトル　どうやってゾウのフンをリサイクルするの？

パット

ぼくの国、タイにはゾウがいます。たくさんのゾウが、人間に飼育されています。
ゾウは草食動物です。一頭のゾウは、一日に100kg近くのフンを出します。

パット

こうやって、ゾウのフンで紙を作るんだよ。

① かわかす　➡ ② ほぐす　➡
③ ゆでる　➡ ④ 古紙と水と混ぜる
➡ ⑤ すく　➡ ⑥ 干す

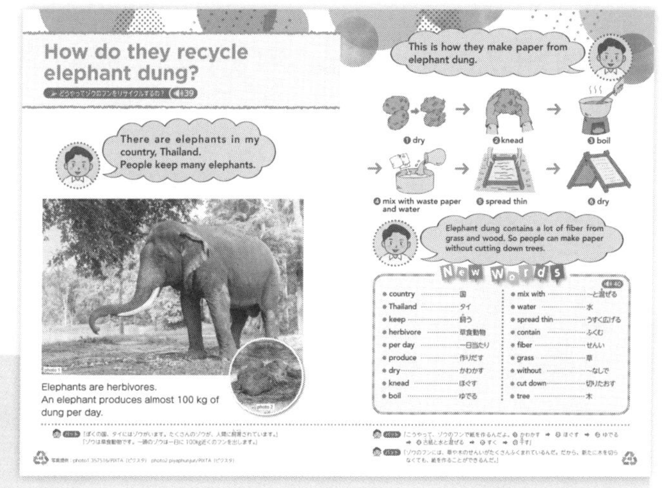

パット

ゾウのフンには、草や木のせんいがたくさんふくまれているんだ。だから、新たに木を切らなくても、紙を作ることができるんだ。

50-51 ページ　タイトル　いろいろな国のリサイクルを調べてみたよ！

ヒロト

今日は自由研究の発表会。ぼくはいろいろな国のリサイクルを調べたよ。

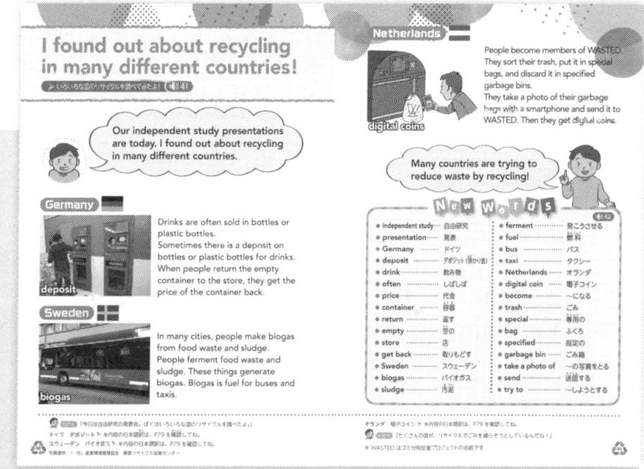

●ドイツ　デポジット

飲み物は、びんかペットボトルで売られることが多いです。一部の飲み物のびんやペットボトルの一部には、デポジットがかかっています。空の容器をお店に返すと、容器代が返ります。

●スウェーデン　バイオガス

多くの市で、生ごみや汚泥からバイオガスを作っています。人々は、生ごみや汚泥を発こうさせます。これらはバイオガスを発生させます。バイオガスはバスやタクシーの燃料になります。

●オランダ　電子コイン

WASTED のメンバーになります。ごみを分別して専用のふくろに入れ、指定のごみ箱に捨てます。スマホでごみぶくろの写真をとり WASTED に送ると電子コインがもらえます。

ヒロト

たくさんの国が、リサイクルでごみを減らそうとしているんだね！

52-53 ページ　タイトル　世界中が取り組む「3R」

先生

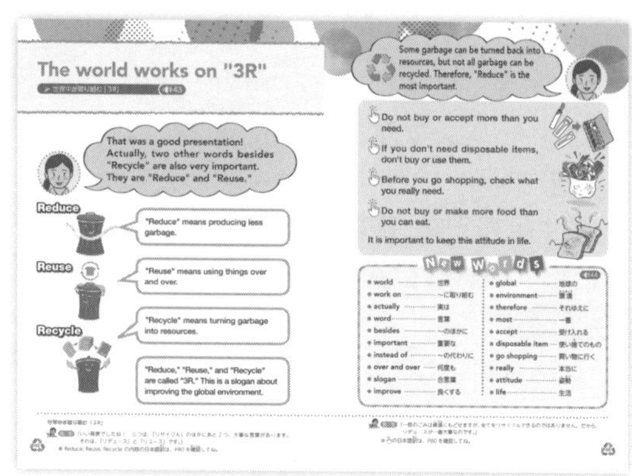

いい発表でしたね！　じつは、「リサイクル」のほかにあと二つ、大事な言葉があります。それは、「リデュース」と「リユース」です。

- **リデュース**「リデュース」は、ごみを減らすことを意味しています。
- **リユース**「リユース」はものを再利用することを意味しています。
- **リサイクル**「リサイクル」はごみを資源にすることを意味しています。

「リデュース」「リユース」「リサイクル」を「3R」といいます。これは、地球の環境をよくする合言葉です。

先生

一部のごみは資源にもどせますが、全てリサイクルできるのではありません。だから、リデュースが一番大事です。

- 必要以上にものを買わない、もらわない。
- 必要ないのに、使い捨てのものを買わない、使わない。
- 買い物前に、何が本当に必要か確認する。
- 食べきれない量の料理を買わない作らない。

生活の中で、この姿勢を続けることが大切です。

54-55 ページ　タイトル　どうして世界中が3Rに取り組んでいるの？

先生

それは、「資源が循環する社会」をつくるためです。

ものを作る。➡ ものを買う、使う。➡⚠何も考えずにものを買って使い、食べ物をむだにし、分別しないでごみを捨てる。➡ どんどん資源を使う。➡ 資源が急速になくなる。
➡ 必要なものだけを買って大切に使う、食べきる、ごみを分別する＝**3R**［**リデュース**：ごみを減らすため、むだを減らす。**リユース**：ごみを減らすためものを何度も使う。**リサイクル**：資源にもどすために、ごみを分別する。］➡ 資源を少量使う。

ヒロト

3Rって、地球を大切にする大事な取り組みなんだね！　ぼくも3Rを毎日がんばるぞ！

リサイクル版

ごみ問題を知る英単語108

この本にでてきたごみ問題やリサイクルについて108個の英単語を集めたよ。

❶音声を聞いて声に出してみよう

❷日本語をみて、英語を考えてみよう

❸英語をみて、日本語の意味を考えてみよう

※ダウンロード音声のトラックとの対応は、裏ページに書いてあります。

このページはコピーして使うこともできます。

※『みんなで取り組む3R ① ごみを減らす Reduce』『② ごみを再利用する Reuse』ふろくで学習した単語は省いてあります。

1 **aluminum**

▶▶ストーリー 2

2 **aluminum can**

▶▶ストーリー 3

3 **answer**

▶▶ストーリー 1, 2

4 **around us**

▶▶ストーリー 2, 3

5 **bauxite**

▶▶ストーリー 2

6 **be made from**

▶▶ストーリー 2, 3, 4

7 **biogas**

▶▶ストーリー 4

8 **carpet**

▶▶ストーリー 2

9 **collect**

▶▶ストーリー 1, 2, 3

10 **come home**

▶▶ストーリー 3

音声トラックと単語の対応は次の通りです。

音声トラック 47 ……… No. 1 ～ 10
音声トラック 48 ……… No.11 ～ 24
音声トラック 49 ……… No.25 ～ 38
音声トラック 50 ……… No.39 ～ 52
音声トラック 51 ……… No.53 ～ 66
音声トラック 52 ……… No.67 ～ 80
音声トラック 53 ……… No.81 ～ 94
音声トラック 54 ……… No.95 ～ 108

6

～から作られている

※元になる材料や原料の形が見えない時に使うよ。
※ be には、be 動詞が入るよ。 ▶▶ストーリー 2, 3, 4

7

バイオガス

▶▶ストーリー 4

8

カーペット

▶▶ストーリー 2

9

集める

▶▶ストーリー 1, 2, 3

10

家に帰る

▶▶ストーリー 3

1

アルミニウム

▶▶ストーリー 2

2

アルミかん

▶▶ストーリー 3

3

答え

▶▶ストーリー 1, 2

4

身の回りの

▶▶ストーリー 2, 3

5

ボーキサイト

▶▶ストーリー 2

11 **community member**

▶▶ストーリー 3

12 **correct**

▶▶ストーリー 2

13 **country**

▶▶ストーリー 4

14 **curtain**

▶▶ストーリー 2

15 **cut down**

▶▶ストーリー 4

16 **deposit**

▶▶ストーリー 4

17 **digital coin**

▶▶ストーリー 4

18 **discard**

▶▶ストーリー 2, 4

19 **dissolve**

▶▶ストーリー 3

20 **dry**

▶▶ストーリー 4

21 **dung**

▶▶ストーリー 4

22 **earth**

▶▶ストーリー 4

23 **egg package**

▶▶ストーリー 1, 2

24 **elephant**

▶▶ストーリー 4

18

捨(す)てる

▶▶ストーリー 2, 4

19

（液体(えきたい)に）とかす

▶▶ストーリー 3

20

かわかす

▶▶ストーリー 4

21

（動物の）フン

▶▶ストーリー 4

22

地球

▶▶ストーリー 4

23

たまごパック

▶▶ストーリー 1, 2

24

ゾウ

▶▶ストーリー 4

11

地域(ちいき)社会の一員

▶▶ストーリー 3

12

正しい

▶▶ストーリー 2

13

国

▶▶ストーリー 4

14

カーテン

▶▶ストーリー 2

15

切りたおす

▶▶ストーリー 4

16

デポジット

▶▶ストーリー 4

17

電子コイン

▶▶ストーリー 4

25
empty
▶▶ストーリー4

26
factory tour
▶▶ストーリー3

27
ferment
▶▶ストーリー4

28
fiber
▶▶ストーリー4

29
fuel
▶▶ストーリー4

30
garbage bin
▶▶ストーリー4

31
get back
▶▶ストーリー4

32
global
▶▶ストーリー4

33
grass
▶▶ストーリー4

34
hanger
▶▶ストーリー2

35
hazardous waste
▶▶ストーリー1

36
homework
▶▶ストーリー2

37
house
▶▶ストーリー2

38
How come?
▶▶ストーリー1

32

地球全体の

ストーリー4

33

草

ストーリー4

34

ハンガー

ストーリー2

35

有害(ゆうがい)ごみ

ストーリー1

36

宿題

ストーリー2

37

家

ストーリー2

38

なんで?

ストーリー1

25

空(から)の

ストーリー4

26

工場見学

ストーリー3

27

はっこうする

ストーリー4

28

せんい

ストーリー4

29

燃料(ねんりょう)

ストーリー4

30

ごみ箱

ストーリー4

31

取りもどす

ストーリー4

39
I see!
▶▶ストーリー3

40
improve
▶▶ストーリー4

41
incinerate
▶▶ストーリー3

42
independent study
▶▶ストーリー4

43
land
▶▶ストーリー2

44
learn about
▶▶ストーリー3

45
light bulb
▶▶ストーリー1

46
local industry
▶▶ストーリー3

47
make
▶▶ストーリー1

48
make a mistake
▶▶ストーリー1

49
make from
▶▶ストーリー3

50
make good use of
▶▶ストーリー2

51
manufacture
▶▶ストーリー2

52
melt
▶▶ストーリー1, 3

46
地域(ちいき)の産業(さんぎょう)
▶▶ストーリー 3

47
作る
▶▶ストーリー 1

48
まちがえる
▶▶ストーリー 1

49
〜から作る
▶▶ストーリー 3

50
上手に使う
▶▶ストーリー 2

51
製造(せいぞう)する
▶▶ストーリー 2

52
（熱で）とかす
▶▶ストーリー 1, 3

39
なるほど！
▶▶ストーリー 3

40
良くする
▶▶ストーリー 4

41
焼(しょう)きゃくする
▶▶ストーリー 3

42
自由研究
▶▶ストーリー 4

43
陸地(りくち)
▶▶ストーリー 2

44
〜について学ぶ
▶▶ストーリー 3

45
電球
▶▶ストーリー 1

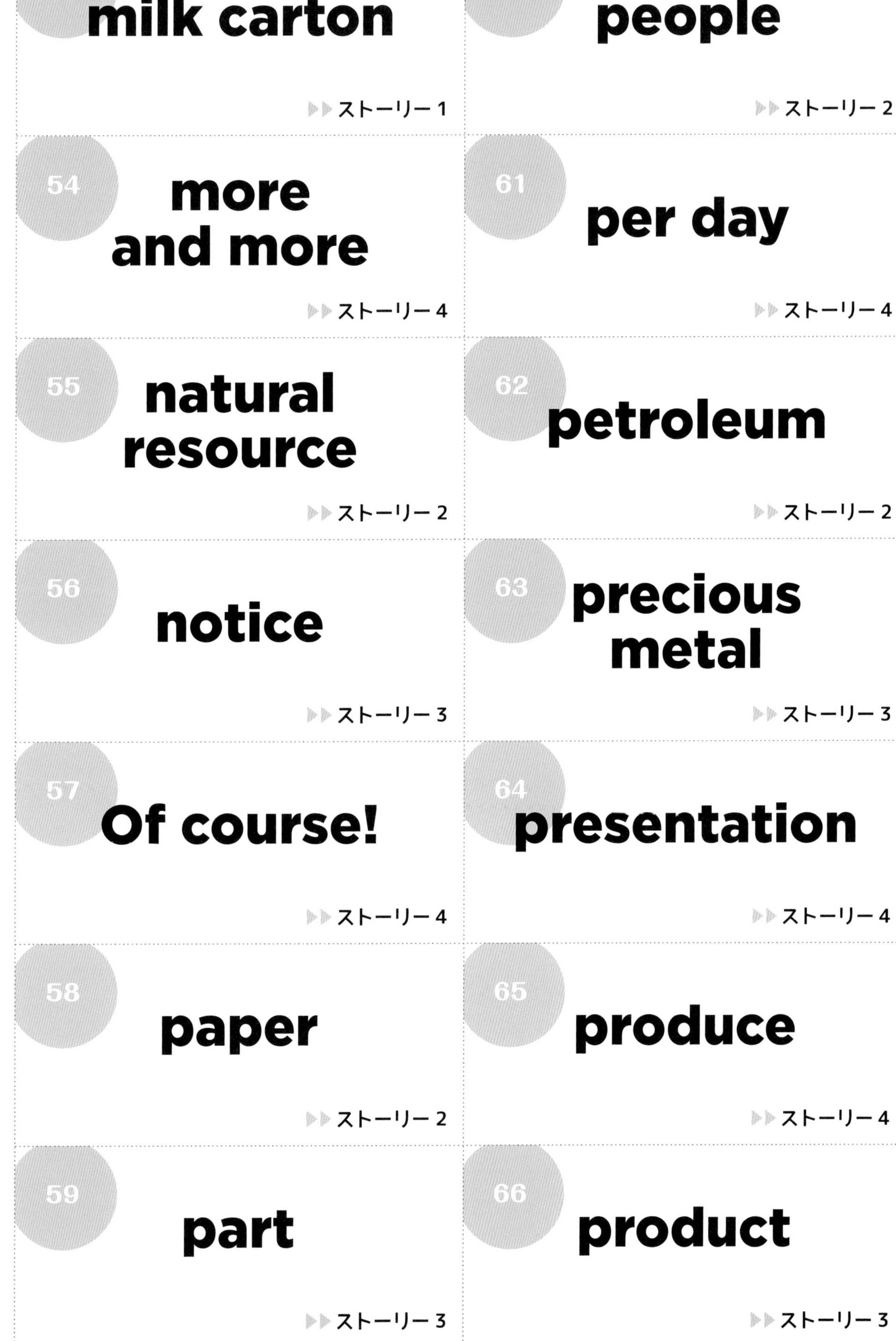

53 **milk carton**

▶▶ストーリー1

54 **more and more**

▶▶ストーリー4

55 **natural resource**

▶▶ストーリー2

56 **notice**

▶▶ストーリー3

57 **Of course!**

▶▶ストーリー4

58 **paper**

▶▶ストーリー2

59 **part**

▶▶ストーリー3

60 **people**

▶▶ストーリー2

61 **per day**

▶▶ストーリー4

62 **petroleum**

▶▶ストーリー2

63 **precious metal**

▶▶ストーリー3

64 **presentation**

▶▶ストーリー4

65 **produce**

▶▶ストーリー4

66 **product**

▶▶ストーリー3

60
人々
▶▶ストーリー2
61
一日当たり
▶▶ストーリー4
62
石油
▶▶ストーリー2
63
貴金属（ききんぞく）
▶▶ストーリー3
64
発表
▶▶ストーリー4
65
作りだす
▶▶ストーリー4
66
製品（せいひん）
▶▶ストーリー3
53
牛乳（ぎゅうにゅう）パック
▶▶ストーリー1
54
どんどん
▶▶ストーリー4
55
天然資源（てんねんしげん）
▶▶ストーリー2
56
気づく
▶▶ストーリー3
57
もちろん！
▶▶ストーリー4
58
紙
▶▶ストーリー2
59
部品
▶▶ストーリー3

67 **put out for recycling**

▶▶ストーリー 3

74 **recycling facility**

▶▶ストーリー 3

68 **question**

▶▶ストーリー 1, 2

75 **resource**

▶▶ストーリー 2

69 **quickly**

▶▶ストーリー 4

76 **resource recycling society**

▶▶ストーリー 4

70 **raw material**

▶▶ストーリー 2, 3, 4

77 **return**

▶▶ストーリー 4

71 **recyclable waste**

▶▶ストーリー 1

78 **sand**

▶▶ストーリー 2

72 **recycle**

▶▶ストーリー 2, 3, 4

79 **school**

▶▶ストーリー 2

73 **recycling**

▶▶ストーリー 1, 2, 4

80 **separate**

▶▶ストーリー 1

74

資源(しげん)化(か)しせつ

▶▶ストーリー 3

75

資源(しげん)

▶▶ストーリー 2

76

資源循環型(しげんじゅんかんがた)
社会

▶▶ストーリー 4

77

返す

▶▶ストーリー 4

78

砂(すな)

▶▶ストーリー 2

79

学校

▶▶ストーリー 2

80

分ける

▶▶ストーリー 1

67

資源回収(しげんかいしゅう)に出す

▶▶ストーリー 3

68

問題

▶▶ストーリー 1

69

急速に

▶▶ストーリー 4

70

原料(げんりょう)

▶▶ストーリー 2

71

資源(しげん)ごみ

▶▶ストーリー 1

72

再生利用(さいせいりよう)する
=リサイクルする

▶▶ストーリー 2, 3, 4

73

再生利用(さいせいりよう)
=リサイクル

▶▶ストーリー 1, 2, 4

81 **slogan**

▶▶ストーリー4

82 **sludge**

▶▶ストーリー4

83 **smarphone**

▶▶ストーリー3

84 **sort**

▶▶ストーリー3

85 **specialty product**

▶▶ストーリー3

86 **steel**

▶▶ストーリー2

87 **steel can**

▶▶ストーリー3

88 **stone**

▶▶ストーリー2

89 **student**

▶▶ストーリー2

90 **symbol**

▶▶ストーリー1

91 **table**

▶▶ストーリー3

92 **take a photo of**

▶▶ストーリー4

93 **teacher**

▶▶ストーリー2

94 **tell**

▶▶ストーリー1

88

石

▶▶ストーリー2

89

生徒(せいと)

▶▶ストーリー2

90

マーク

▶▶ストーリー1

91

机(つくえ)

▶▶ストーリー3

92

～の
写真をとる

▶▶ストーリー4

93

先生

▶▶ストーリー2

94

教える

▶▶ストーリー1

81

合言葉

▶▶ストーリー4

82

汚泥(おでい)

※泥状(どろじょう)のごみのこと

▶▶ストーリー4

83

スマートフォン

▶▶ストーリー3

84

分類(ぶんるい)する

▶▶ストーリー3

85

特産品(とくさんひん)

▶▶ストーリー3

86

スチール

▶▶ストーリー2

87

スチールかん

▶▶ストーリー3

95 **Thank you.**

▶▶ストーリー 3

96 **That's right.**

▶▶ストーリー 2

97 **toilet paper**

▶▶ストーリー 3

98 **toy**

▶▶ストーリー 1

99 **trash**

▶▶ストーリー 4

100 **tree**

▶▶ストーリー 4

101 **turn back into**

▶▶ストーリー 1

102 **type**

▶▶ストーリー 2

103 **vase**

▶▶ストーリー 2

104 **waste paper**

▶▶ストーリー 3

105 **want**

▶▶ストーリー 4

106 **water**

▶▶ストーリー 4

107 **work on**

▶▶ストーリー 4

108 **world**

▶▶ストーリー 4

102

種類（しゅるい）

▶▶ストーリー 2

103

花びん

▶▶ストーリー 2

104

古紙

▶▶ストーリー 3

105

ほしい

▶▶ストーリー 4

106

水

▶▶ストーリー 4

107

～に取り組む

▶▶ストーリー 4

108

世界

▶▶ストーリー 4

95

ありがとう。

▶▶ストーリー 3

96

そのとおり。

▶▶ストーリー 2

97

トイレットペーパー

▶▶ストーリー 3

98

おもちゃ

▶▶ストーリー 1

99

ごみ

※生ごみをふくまないごみによく使われます。

▶▶ストーリー 4

100

木

▶▶ストーリー 4

101

～にもどる

▶▶ストーリー 1